Witold Koszela

The British Battleship HMS Vanguard

The British battleship HMS "Vanguard" was built in the years 1941–1946 at the John Brown & Company shipyard in Clydebank. It was quite an unusual ship due to the fact that it was built as the largest and also the last of the British battleships, and armed with artillery towers stored since 1925, taken from the cruisers HMS "Courageous" and HMS "Glorious".

It is widely regarded as Britain's best designed battleship, well-armed but also least needed. Design work began before World War II and was completed a year after its end, making it one of the longest-built ships in history. Her service, however, was quite short and lacking of interesting events.

The unit was launched in 1944, and it entered service only two years later, so it did not have the opportunity to take part in World War II. The first major event in the history of the ship was the three-month journey to the British dominion of the Union of South Africa with George VI, Queen Mary and both daughters, Princess Elizabeth and Anne, on board between February and May 1947.

As a curiosity, the STAAG Bofors AA guns was removed from tower B at that time, and in its place an observation platform for the royal family was installed. After her return, the battleship was brought to a shipyard in Devonport, where it underwent a servicing in preparation for a similar journey with the British monarch to Australia. Eventually, the trip did not take place due to the illness of George VI.

In 1949, HMS „Vanguard" was assigned to the Mediterranean Fleet, and after returning to its home waters, it was adapted for training purposes. It then replaced the battleship HMS "Anson" in the Home Fleet's training squadron.

Further service is a series of training cruises and representative functions during official visits of foreign state dignitaries. In 1950, HMS "Vanguard" became the flagship of the Commander of the Home Fleet, Admiral Philip Louis Vian. In this role, the battleship took part in the 1953 sea revue on the Spithead's roadstead on the occasion of the coronation of Elizabeth II.

In the following years, the battleship's service was limited to training tasks.

In 1955, the project of converting the unit into a missile ship was considered, but due to the enormous costs, this idea was abandoned. Later, the HMS "Vanguard" remained in Portsmouth as the flagship of the reserve fleet at NATO's disposal. It was a time when the era of battleships was drawing to a close.

The enormous cost of maintenance and criticism of its usefulness meant that on June 7, 1960, the battleship was decommissioned and soon sold for scrap. Eventually, stripped of armaments and more important equipment, it went to Faslane, where it was demounted until 1962.

During its 14-year service, HMS "Vanguard" has never undergone major modernization. Only living quarters and radar equipment were more or less modified. With time, some AA weapons were also removed.

Brytyjski pancernik HMS „Vanguard" powstawał w latach 1941–1946 w stoczni John Brown & Company w Clydebank. Był to okręt dość niezwykły ze względu na fakt, że zbudowano go jako największy i zarazem ostatni z brytyjskich pancerników, a do uzbrojenia wykorzystano magazynowane od 1925 r. wieże artyleryjskie zdjęte z krążowników HMS „Courageous" i HMS „Glorious".

Powszechnie uznaje się go za najlepiej zaprojektowany brytyjski pancernik, znakomicie uzbrojony, ale też najmniej potrzebny. Prace projektowe rozpoczęto jeszcze przed II wojną światową, a ukończono rok po jej zakończeniu, co sprawia, że był to jeden z najdłużej budowanych okrętów w historii. Jego służba była jednak dość krótka i uboga w ciekawsze wydarzenia.

Jednostkę zwodowano w 1944 r., zaś do służby weszła dopiero dwa lata później, przez co nie miała okazji wziąć udziału w II wojnie światowej. Jako pierwsze ważniejsze wydarzenie w historii okrętu można wymienić trzymiesięczną podróż do brytyjskiego dominium Związku Południowej Afryki z Jerzym VI, królową Marią oraz obiema córkami, księżniczkami Elżbietą i Anną, na pokładzie, która miała miejsce pomiędzy lutym a majem 1947 r.

Jako ciekawostkę można traktować fakt, że z wieży B usunięto na ten czas stanowisko działek plot STAAG Boforsa, a na jego miejscu zainstalowano platformę obserwacyjną dla rodziny królewskiej. Po powrocie pancernik stanął w stoczni w Devonport, gdzie przeszedł przegląd przygotowujący go do podobnej podróży z brytyjskim monarchą, której trasa miała prowadzić do Australii. Ostatecznie podróż nie doszła do skutku ze względu na chorobę Jerzego VI.

W 1949 r. HMS „Vanguard" został przydzielony do Floty Śródziemnomorskiej, a po powrocie na wody macierzyste przystosowano go do celów szkoleniowych. Zastąpił wówczas pancernik HMS „Anson" w szkolnej eskadrze Home Fleet.

Dalsza służba to szereg rejsów szkoleniowych oraz funkcje reprezentacyjne podczas oficjalnych wizyt obcych dostojników państwowych. W 1950 r. HMS „Vanguard" stał się okrętem flagowym dowódcy Home Fleet admirała Philipa Louisa Viana. W takim charakterze pancernik wziął udział w 1953 r. w morskiej rewii na redzie Spithead z okazji koronacji Elżbiety II.

W kolejnych latach służba pancernika ograniczała się do zadań szkoleniowych.

W 1955 roku rozważano projekt przebudowy jednostki na okręt rakietowy, jednak ze względu na ogromne koszty zrezygnowano z tego pomysłu. W ostatnich latach służby HMS „Vanguard" pozostawał w Portsmouth w charakterze okrętu flagowego floty rezerwowej w dyspozycji NATO. Był to czas, kiedy era pancerników dobiegała końca.

Ogromne koszty utrzymania i głosy krytyki co do jego przydatności sprawiły, że 7 czerwca 1960 r. pancernik został wycofany ze służby i niedługo później sprzedany na złom. Ostatecznie pozbawiony uzbrojenia i ważniejszego wyposażenia trafił do Faslane, gdzie poddano go trwającej do 1962 r. rozbiórce.

Podczas trwającej zaledwie 14 lat służby HMS „Vanguard" nigdy nie został poddany poważniejszej modernizacji. Większe lub mniejsze modyfikacje objęły jedynie pomieszczenia mieszkalne i wyposażenie radarowe. Z czasem usunięto z okrętu także część uzbrojenia plot.

The British Battleship HMS Vanguard • Witold Koszela

First edition / Wydanie pierwsze • LUBLIN 2021 • ISBN 978-83-66673-77-9

Translation / Tłumaczenie: **Stanisław Powała-Niedźwiecki** • Color profiles / Plansze barwne: **Witold Koszela** • Scale drawings / Rysunki techniczne: **Witold Koszela** • Design: **KAGERO STUDIO**

Distribution / Dystrybucja: Kagero Publishing • www.kagero.pl • e-mail: kagero@kagero.pl, marketing@kagero.pl

Editorial Office, Marketing / Redakcja, Marketing: Kagero Publishing, ul. Akacjowa 100, os. Borek, Turka, 20-258 Lublin 62, Poland, phone/fax +48 81 501 21 05

Tactical and technical data:

Tactical number: 23
Type: Vanguard
Twin ships: none
Shipyard: John Brown & Company in Clydebank
Date of keel laying: October 2, 1941.
Date of launch: November 30, 1944.
Date of entry into service: August 9, 1946.
Date of decommissioning: June 7, 1960
Standard displacement: 44,500 tons
Full displacement: 51,420 t
Overall length: 248.31 m
Length between perpendiculars: 231.64 m
Length on the waterline: 243.82 m
Width: 32.92 m
Maximum draft: 11.0 m
Drive: 8 water-tube boilers of the Admiralty type, 4 sets of steam turbines of the Parsons system with single-stage reduction gears with a total power of 130,000 KM
Speed: 30 knots
Marching speed: 29.25 knots
Range: 6950 Mm at 20 knots, 8250 Mm at 15 knots
Fuel supply: 4,423 t
Armament: 8 (4 × 2) 381 mm guns, 16 (8 × 2) 133 mm guns, 4 (4 × 1) 47 mm guns (salute), 73 (10 × 4, 1 × 2, 11 × 1) 40 mm guns
Armor:
– sides 114–356 mm
– decks 127–152 mm
– main artillery turrets: front 330 mm, top 102 mm, sides 279 mm, barbets 406 mm
– medium artillery turrets 25 mm
– command post 25–76 mm
Crew: 1,893 men

Dane taktyczno-techniczne:

Numer taktyczny: 23
Typ: Vanguard
Okręty bliźniacze: brak
Stocznia: John Brown & Company w Clydebank
Data położenia stępki: 2 października 1941 r.
Data wodowania: 30 listopada 1944 r.
Data wejścia do służby: 9 sierpnia 1946 r.
Data wycofania ze służby: 7 czerwca 1960 r.
Wyporność standardowa: 44 500 t
Wyporność pełna: 51 420 t
Długość całkowita: 248,31 m
Długość między pionami: 231,64 m
Długość na KLW: 243,82 m
Szerokość: 32,92 m
Zanurzenie maksymalne: 11,0 m
Napęd: 8 kotłów wodnorurkowych typu Admiralicji, 4 zespoły turbin parowych systemu Parsonsa z jednostopniowymi przekładniami redukcyjnymi o łącznej mocy 130 000 KM
Prędkość maksymalna: 30 w.
Prędkość marszowa: 29,25 w.
Zasięg: 6950 Mm przy 20 w., 8250 Mm przy 15 w.
Zapas paliwa: 4423 t
Uzbrojenie: 8 (4 × 2) armat kal. 381 mm, 16 (8 × 2) armat kal. 133 mm, 4 (4 × 1) armat kal. 47 mm (salutowa), 73 (10 × 4, 1 × 2, 11 × 1) armat kal. 40 mm
Opancerzenie:
– burty 114–356 mm
– pokłady 127–152 mm
– wieże artylerii głównej: przód 330 mm, góra 102 mm, boki 279 mm, barbety 406 mm
– wieże artylerii średniej 25 mm
– stanowisko dowodzenia 25–76 mm
Załoga: 1893 ludzi

HMS "Vanguard" in all its glory. The ship was known as the last British battleship and was characterized by a highly raised bow deck, spacious superstructures and main artillery turrets constructed back in World War I. [Public domain]

HMS „Vanguard" w całej okazałości. Okręt zyskał miano ostatniego brytyjskiego pancernika i charakteryzował się wysoko uniesionym pokładem dziobowym, obszernymi nadbudówkami oraz wieżami artylerii głównej skonstruowanymi jeszcze w czasach I wojny światowej [Domena publiczna]

Frames cross-sections
Przekroje wręgowe

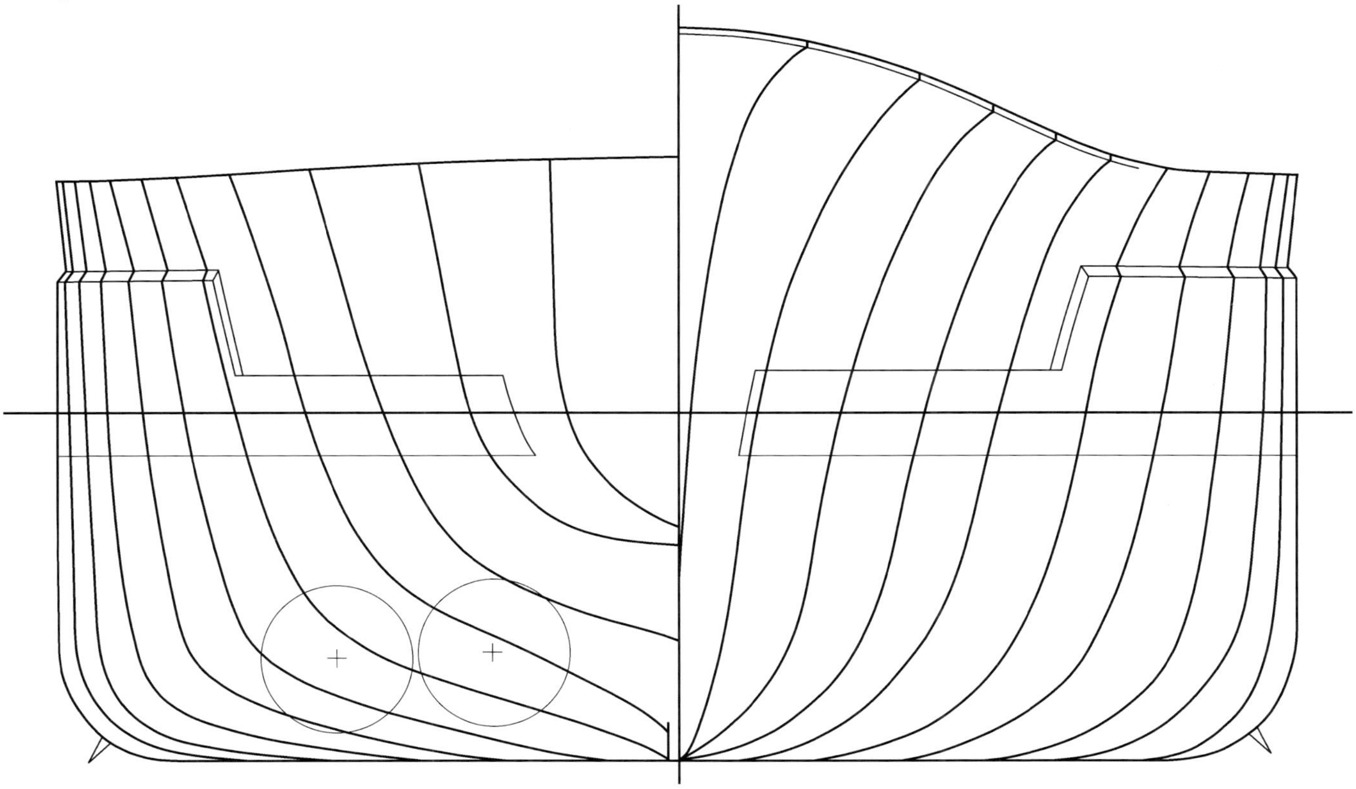

Hull's cross-section at frame No. 167
Przekrój poprzeczny kadłuba na wrędze nr 167

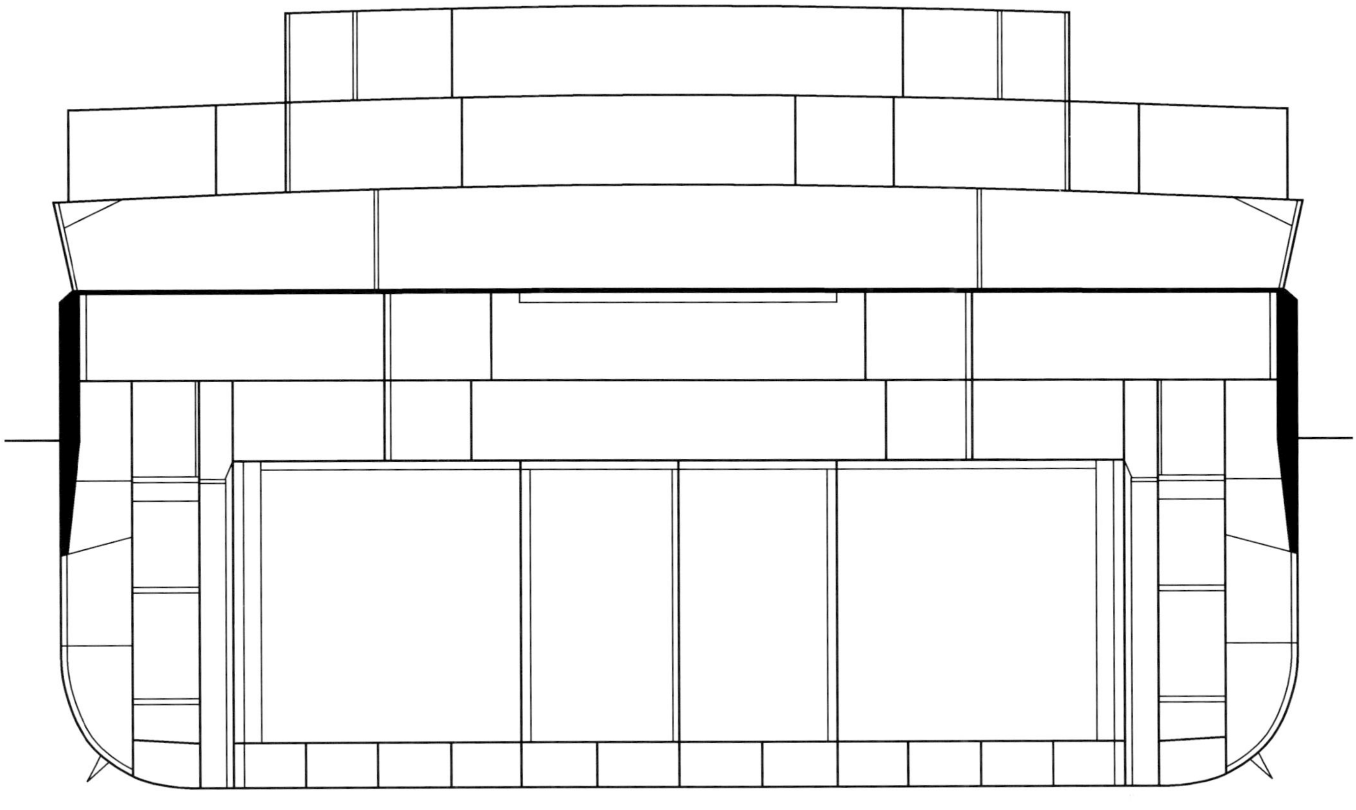

Scale/Skala: 1/200

TOPDRAWINGS
Drawings/rysował: © Witold Koszela

HMS Vanguard

Foredeck
Pokład dziobowy

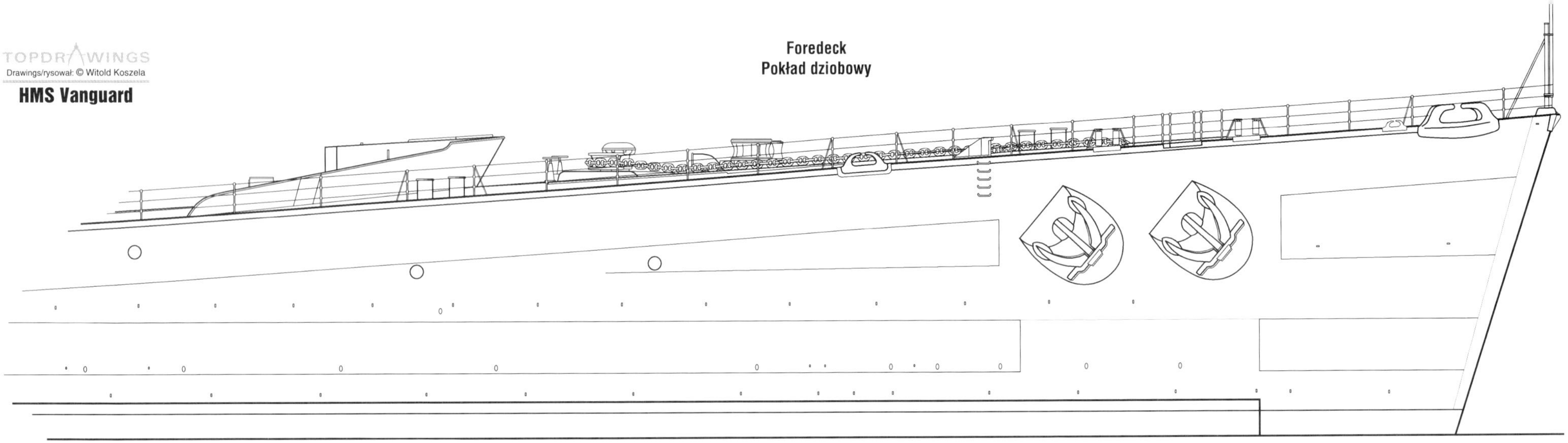

starboard side view
widok z prawej burty

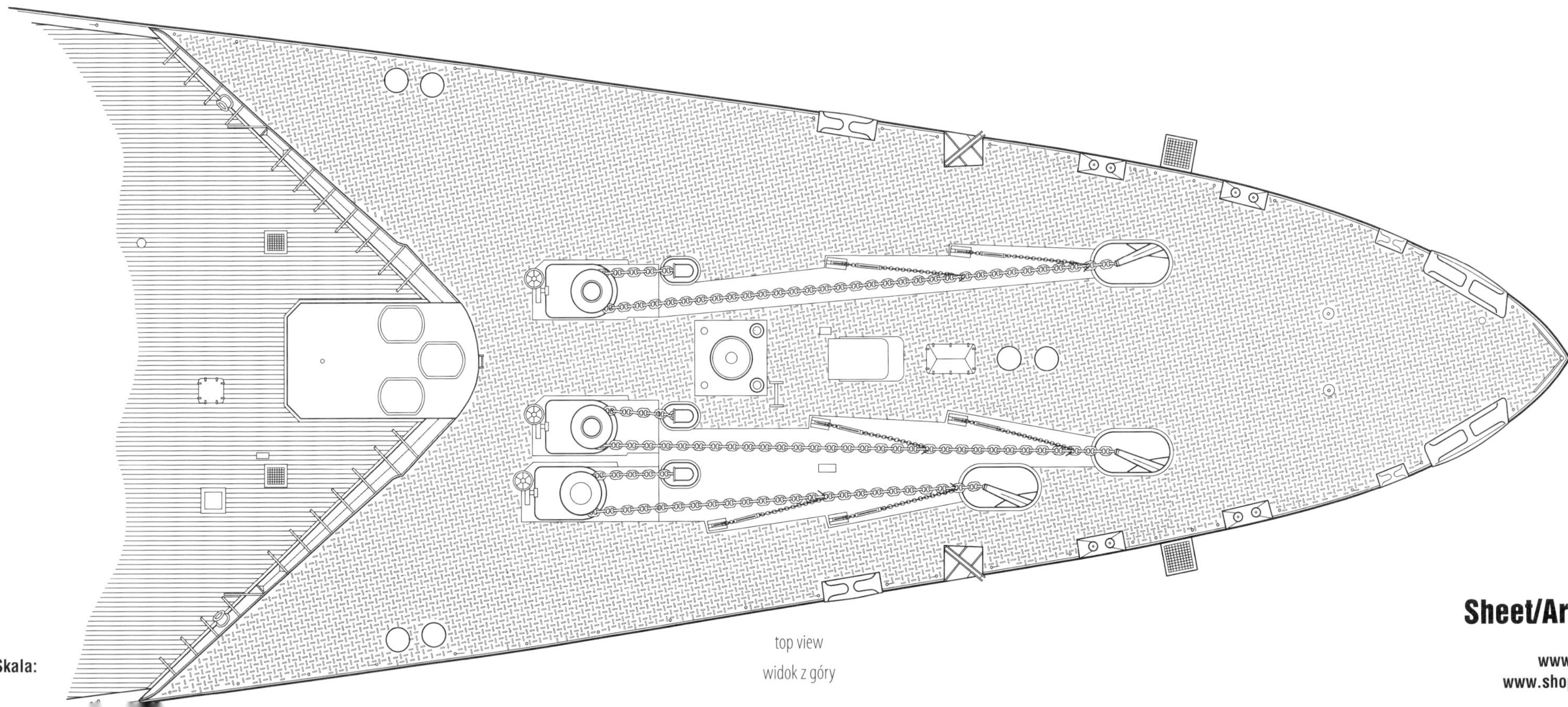

top view
widok z góry

Scale/Skala:
1/200

Sheet/Arkusz 2

www.kagero.eu
www.shop.kagero.pl

Bow superstructure
Nadbudówka dziobowa

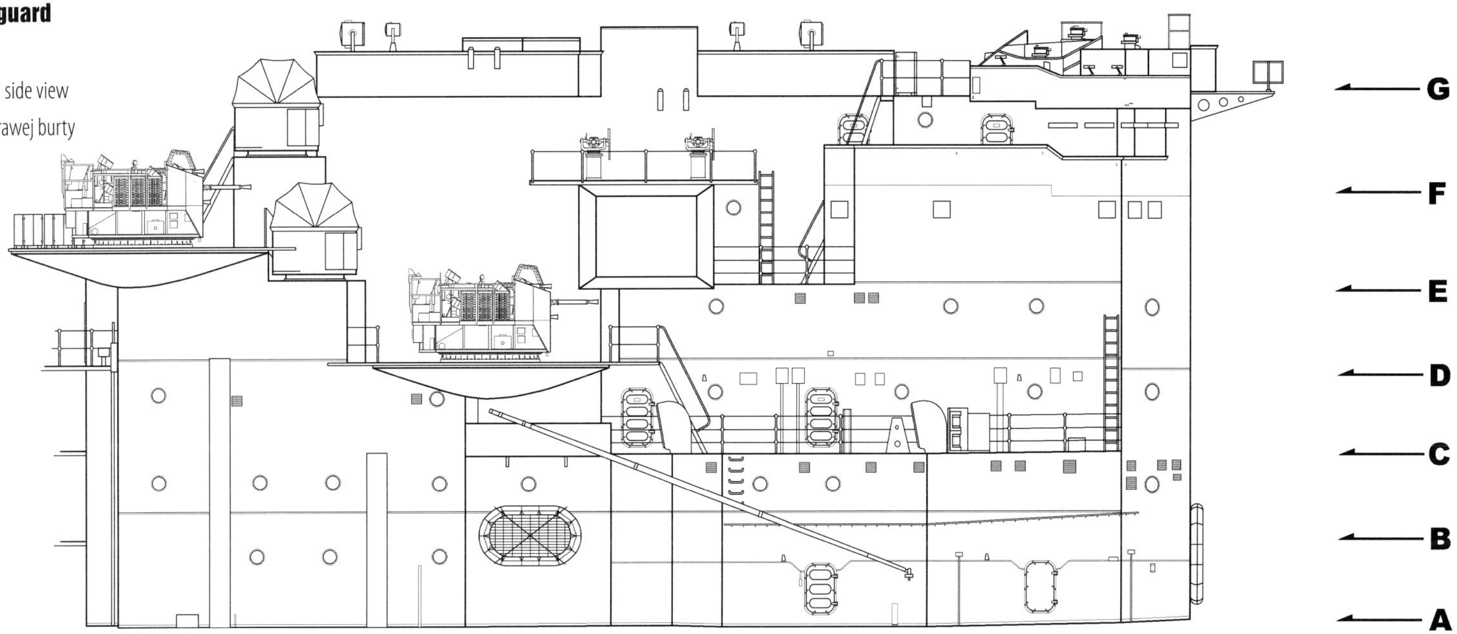

starboard side view

widok z prawej burty

A

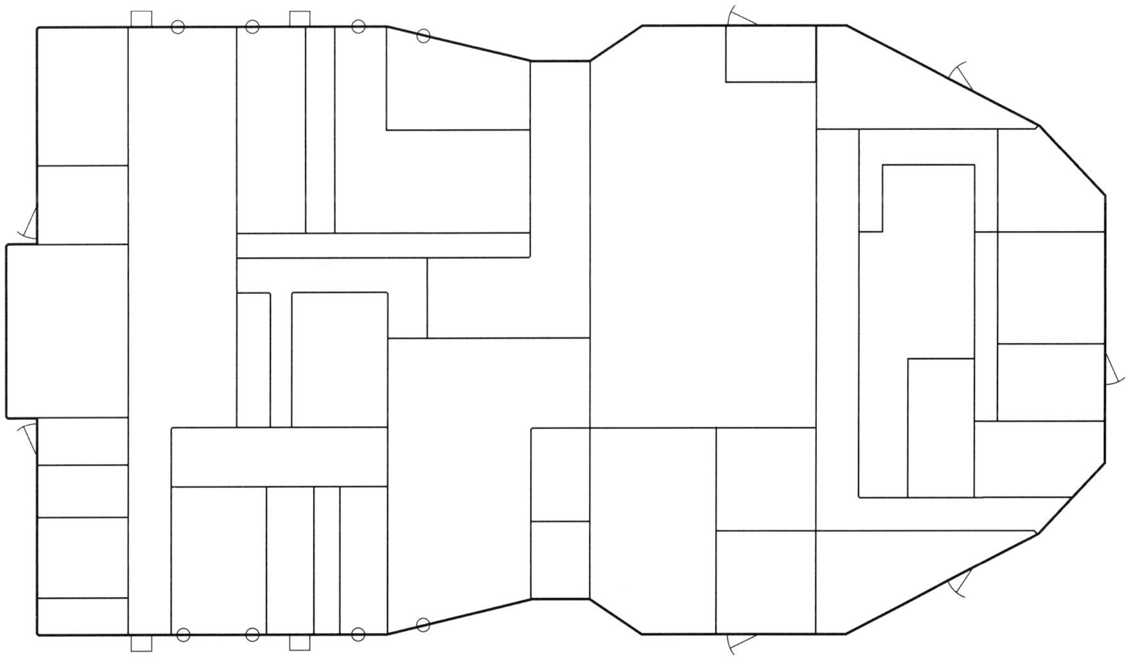

upper deck

poziom pokładu górnego

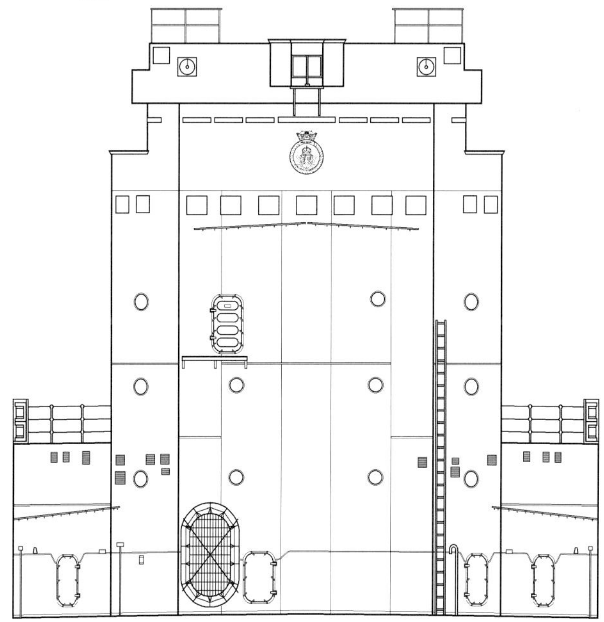

bow view

widok od dziobu

Scale/Skala: 1/200

Bow superstructure
Nadbudówka dziobowa

B

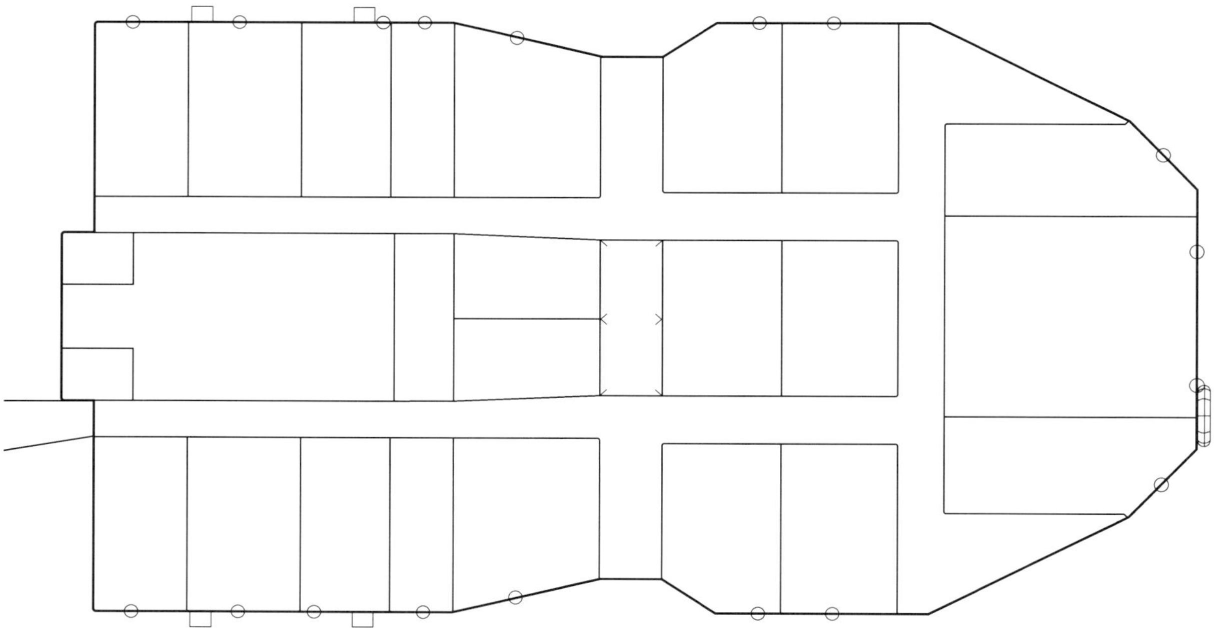

shelter deck
poziom pokładu ochronnego

C

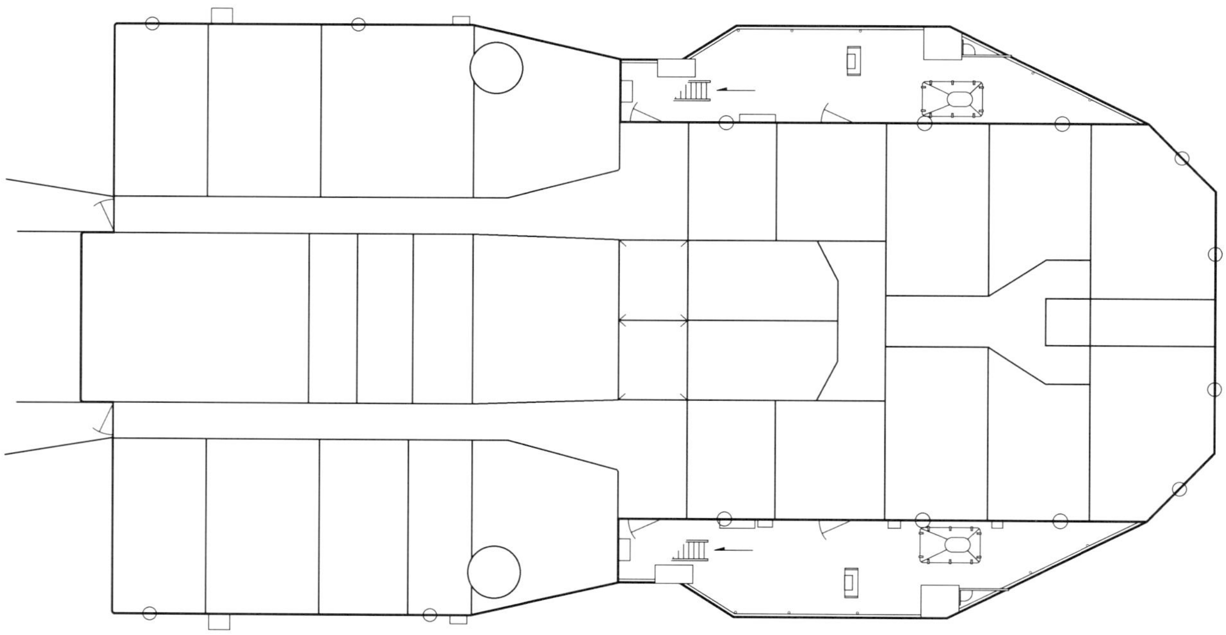

boat deck
poziom pokładu łodziowego

Bow superstructure
Nadbudówka dziobowa

D

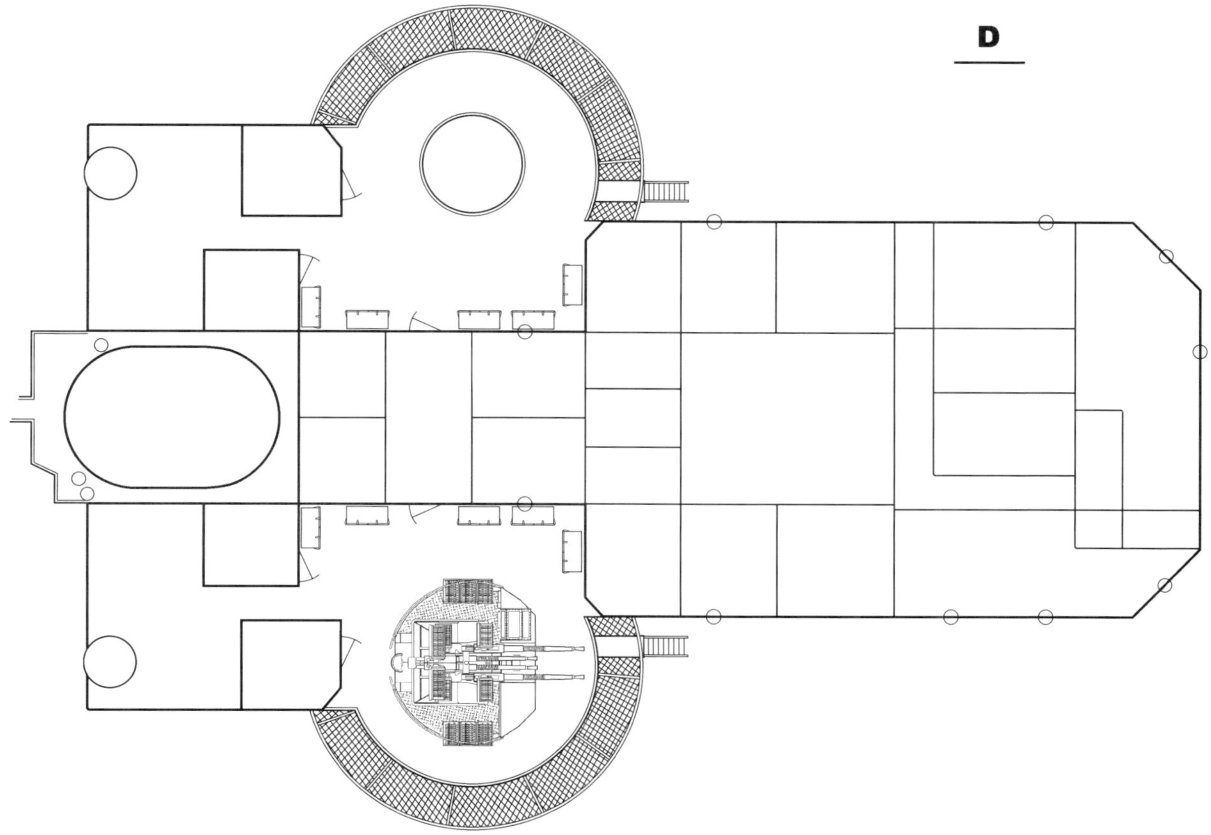

No. 1 platform deck
poziom platformy nr 1

E

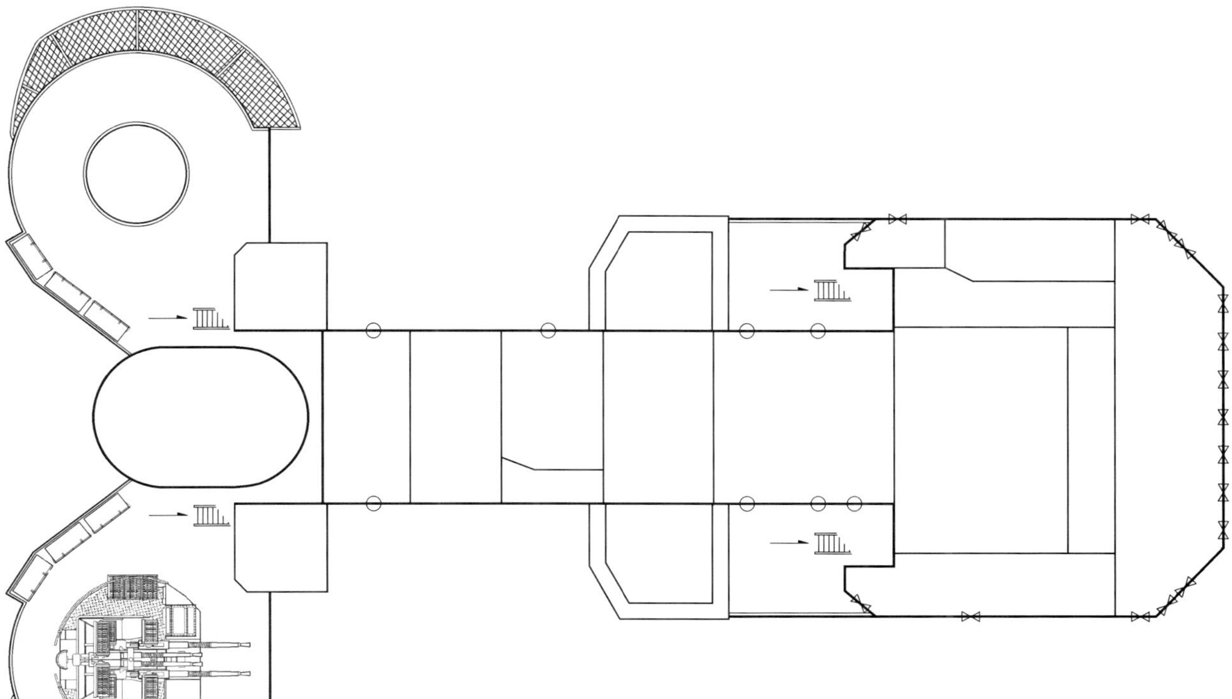

admiral's bridge
poziom pomostu admiralskiego

Bow superstructure
Nadbudówka dziobowa

F

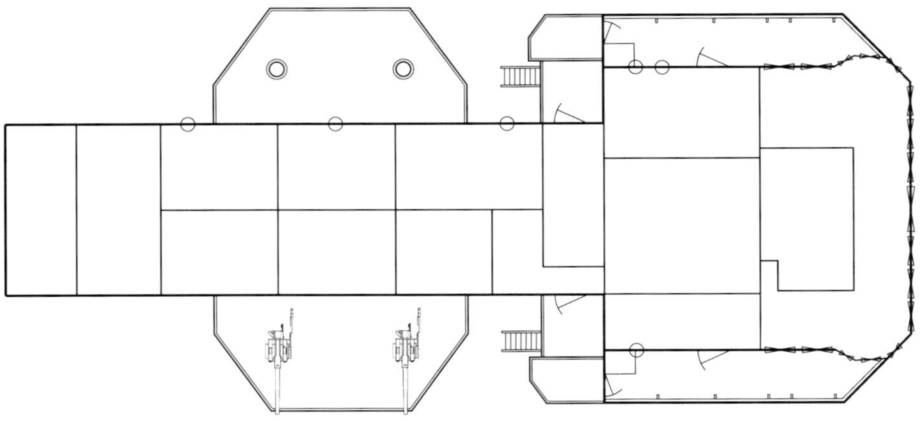

conning tower platform
poziom pokładu sygnałowego

G

signal gunnery control and compass platform
poziom pomostu górnego z platformą kompasu

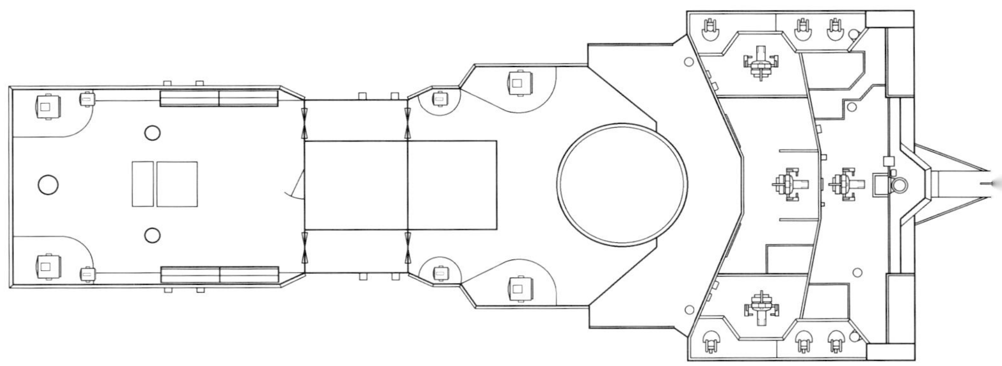

Midship superstructure
Nadbudówka na śródokręciu

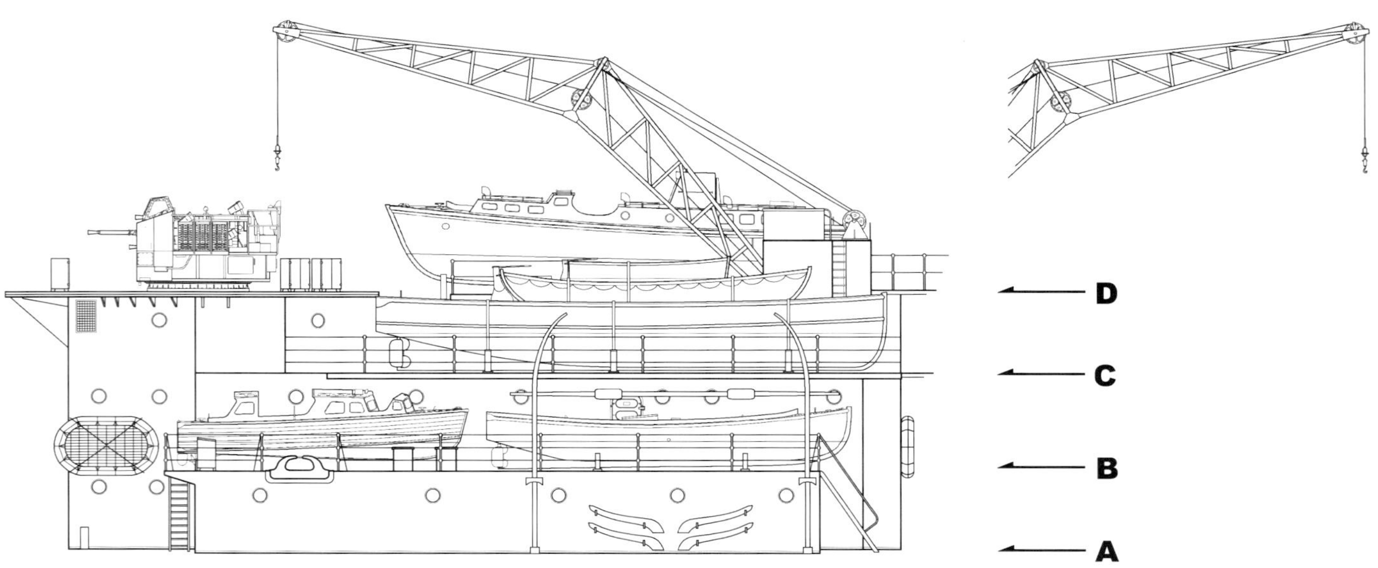

starboard side view
widok z prawej burty

Midship superstructure
Nadbudówka na śródokręciu

A

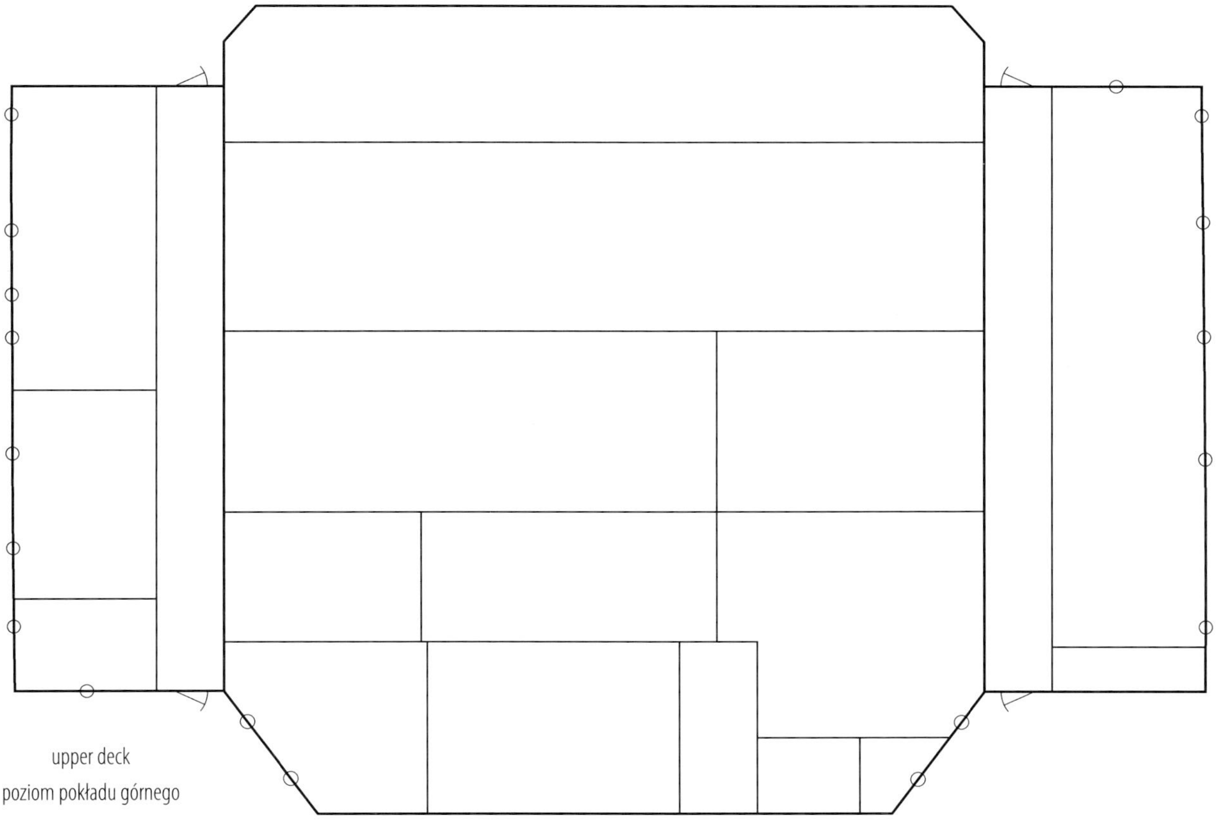

upper deck
poziom pokładu górnego

B

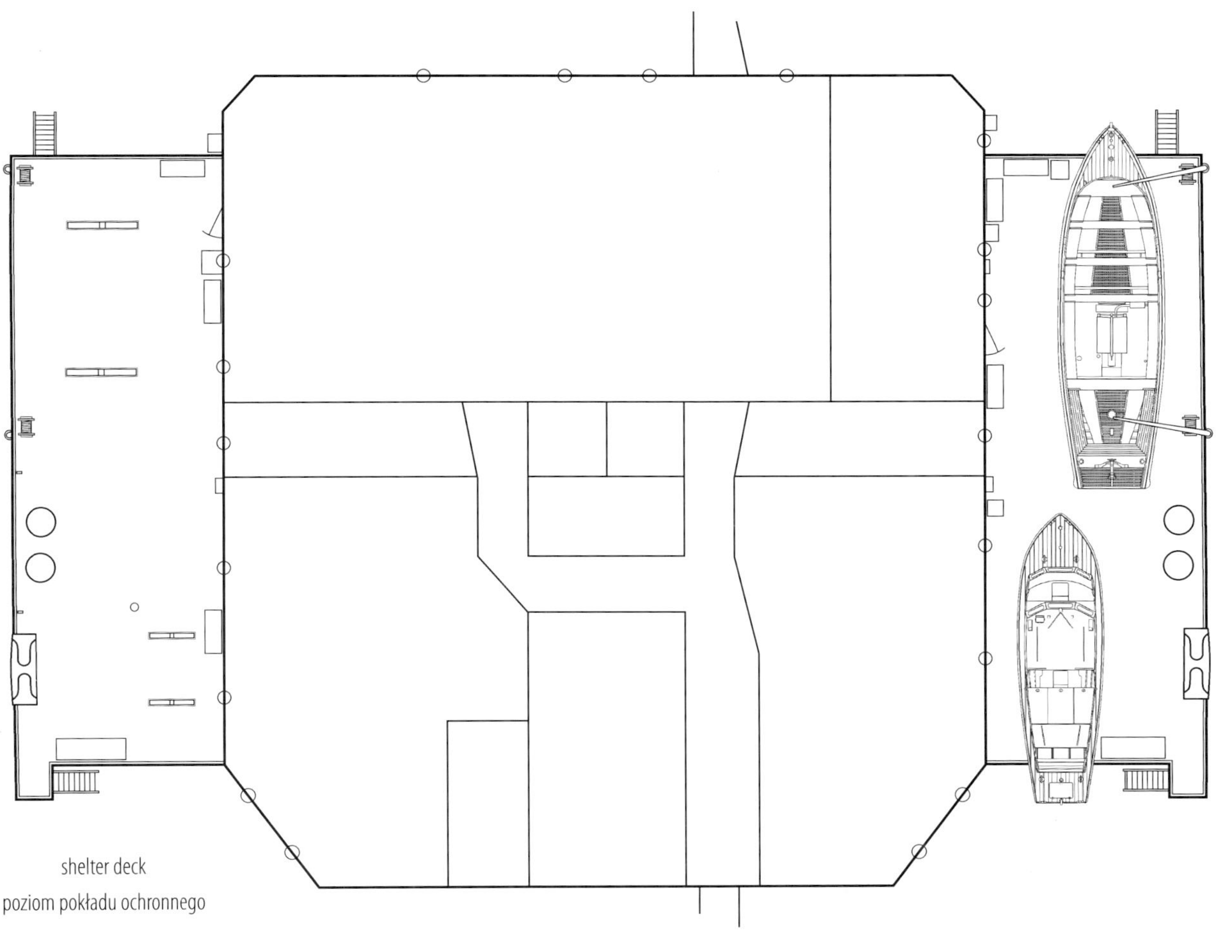

shelter deck
poziom pokładu ochronnego

Scale/Skala: 1/200

Midship superstructure
Nadbudówka na śródokręciu

C

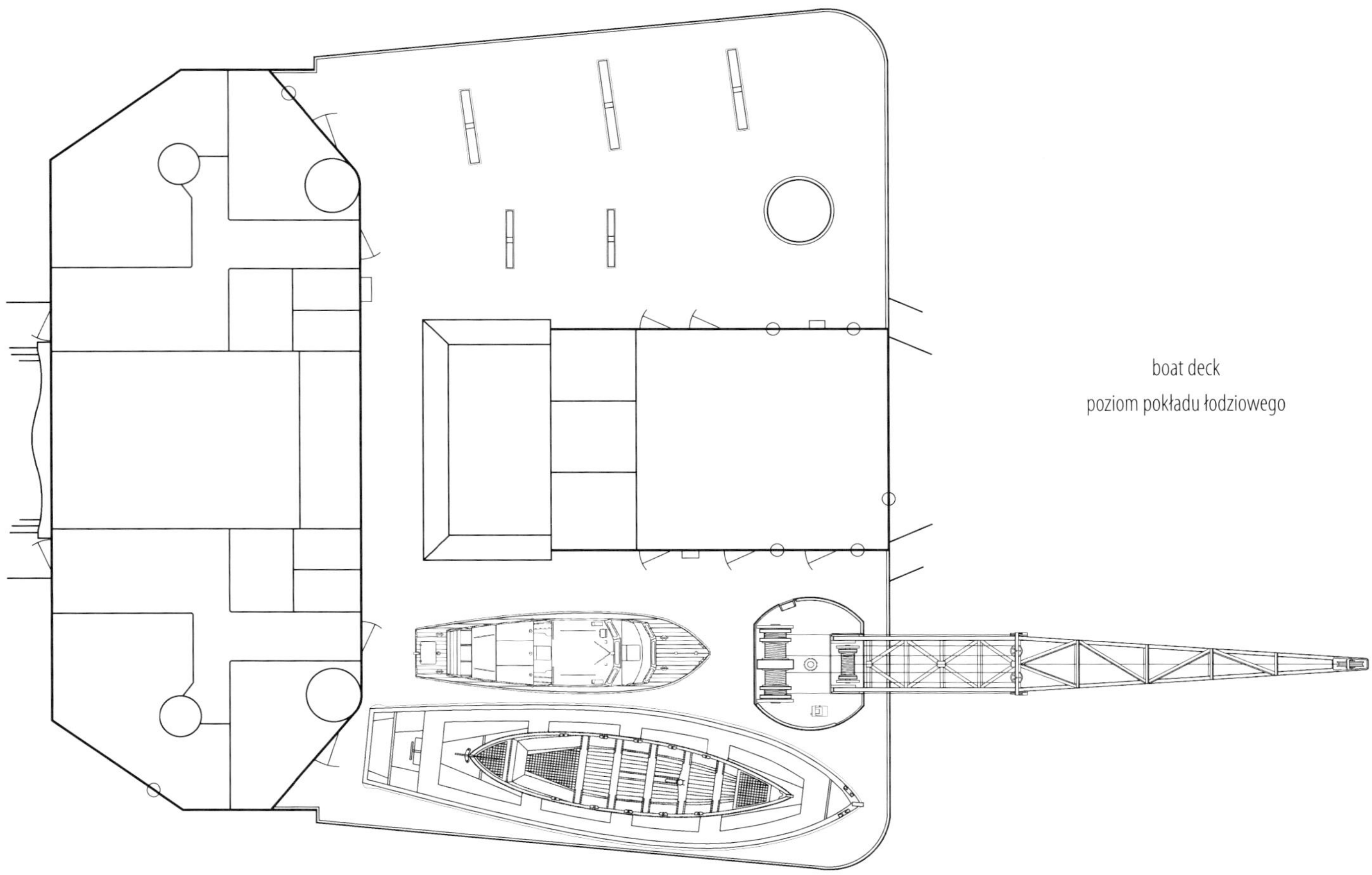

boat deck
poziom pokładu łodziowego

D

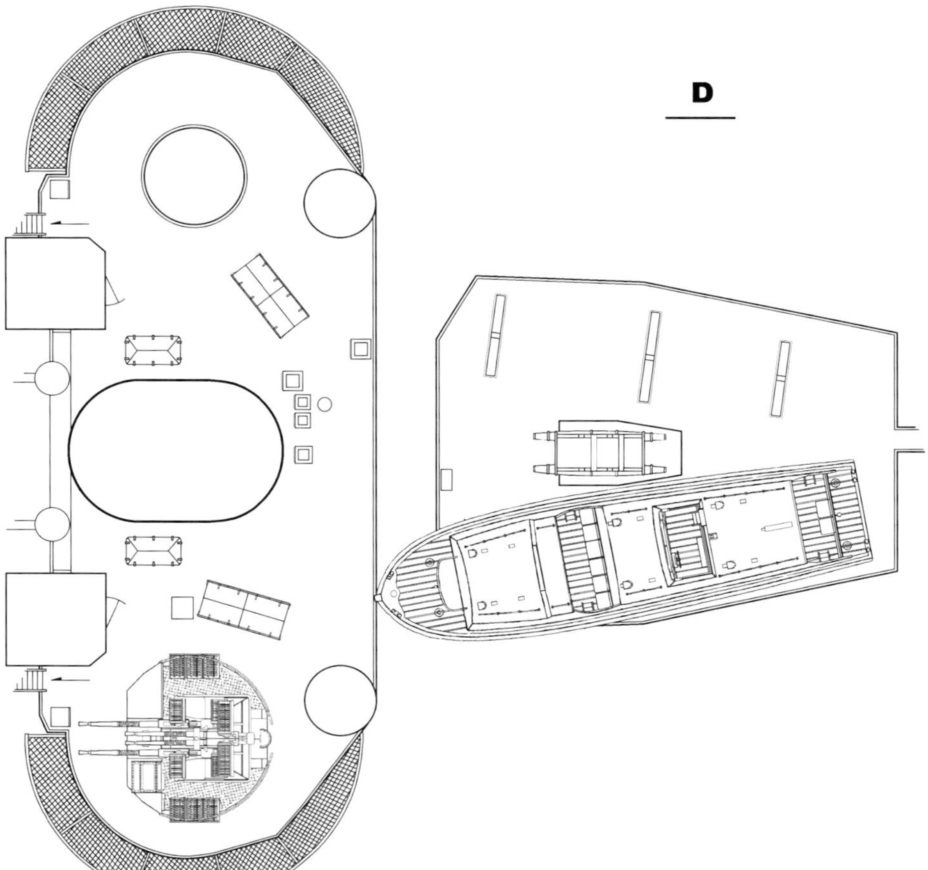

No. 1 platform deck
poziom platformy nr 1

TOPDRAWINGS
Drawings/rysował: © Witold Koszela
HMS Vanguard

Afterdeck superstructure
Nadbudówka rufowa

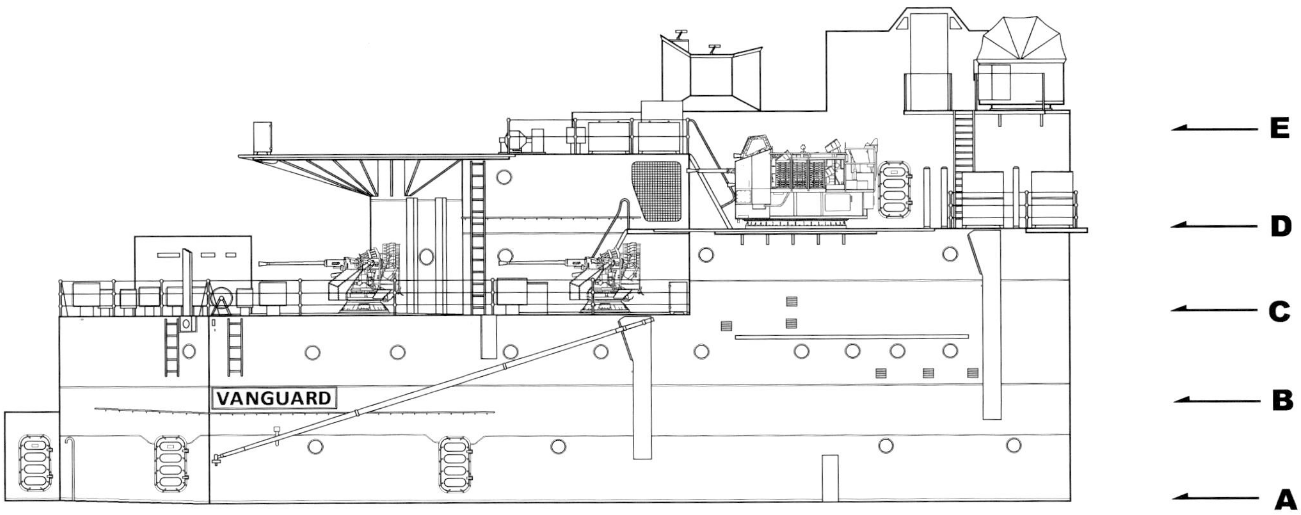

starboard side view
widok z prawej burty

A

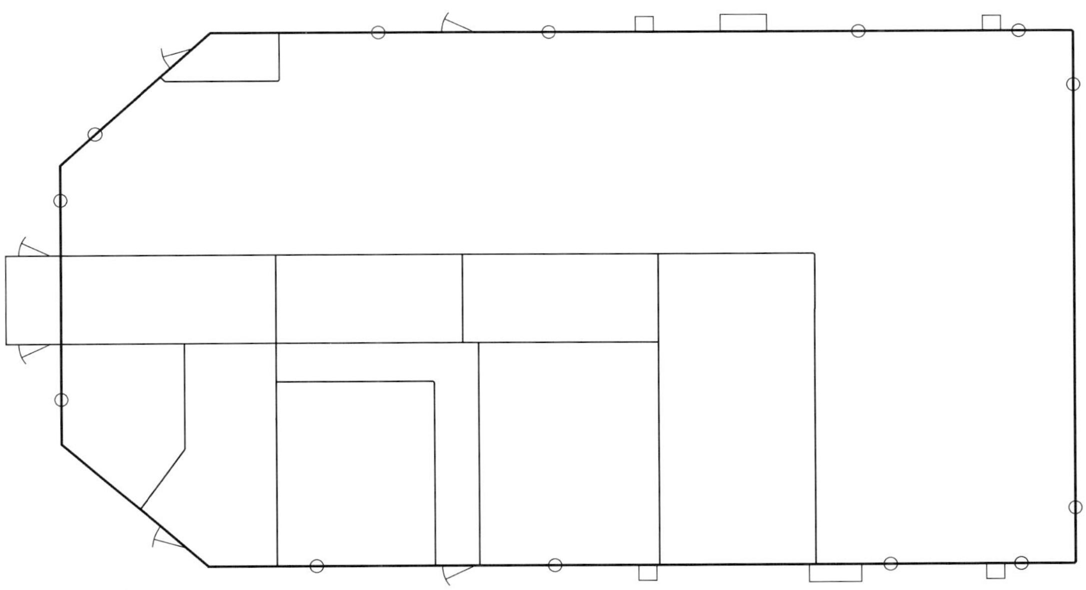

upper deck
poziom pokładu górnego

B

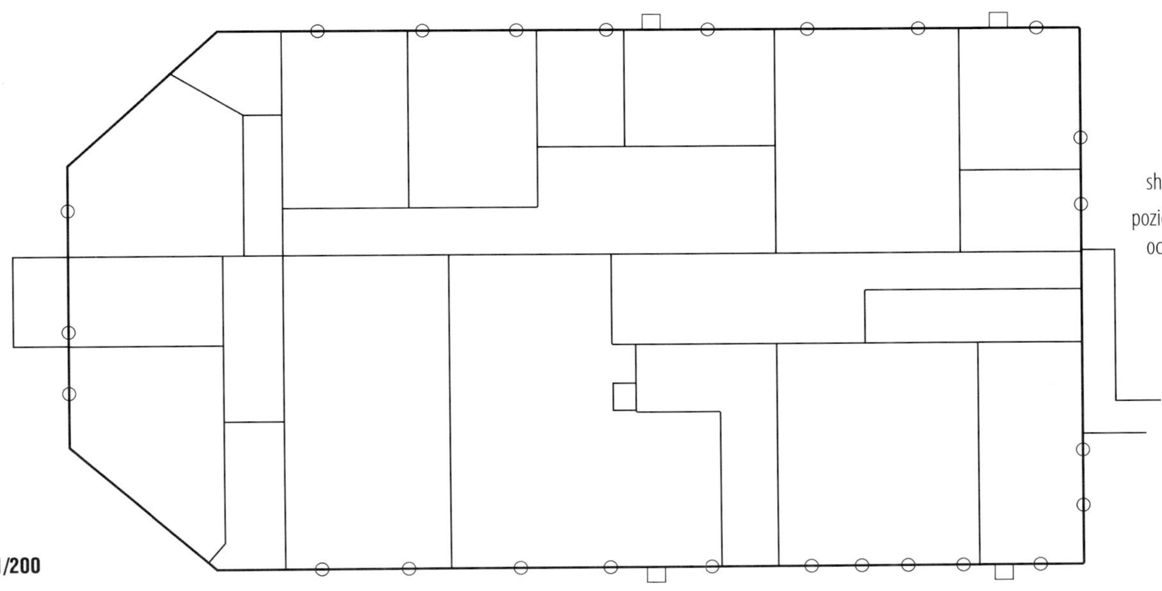

shelter deck
poziom pokładu ochronnego

Scale/Skala: 1/200

Afterdeck superstructure
Nadbudówka rufowa

C

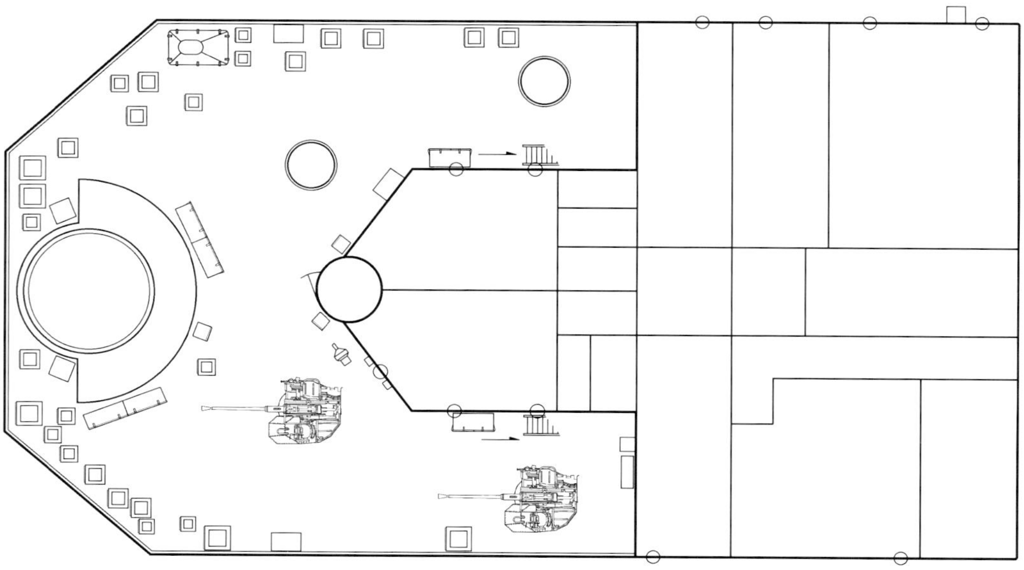

boat deck
poziom pokładu łodziowego

D

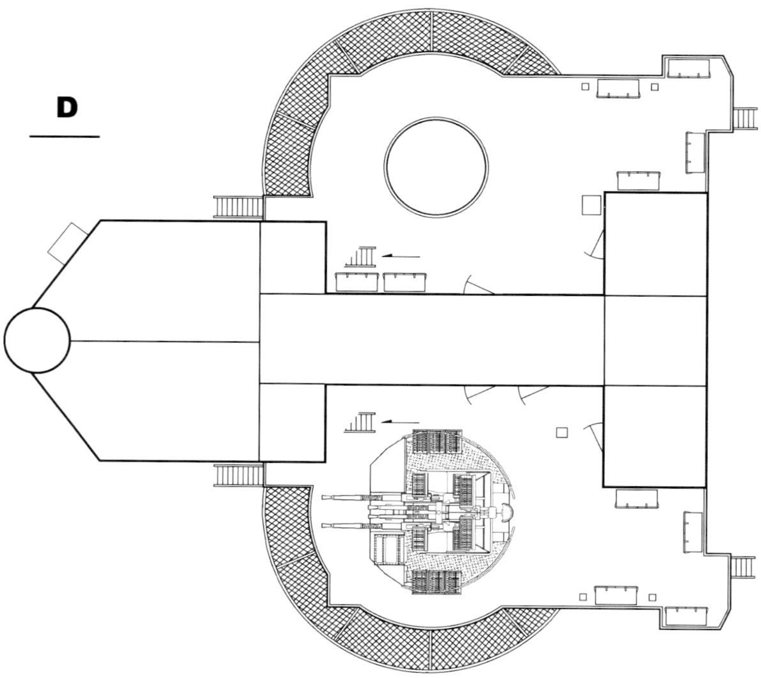

No. 1 platform deck
poziom platformy nr 1

E

admiral's bridge
poziom pomostu admiralskiego

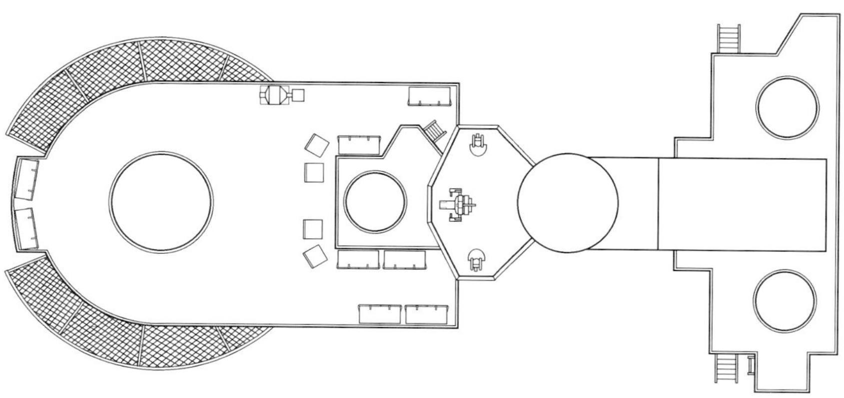

Bow medium artillery 133 mm stations
Dziobowe stanowiska wież artylerii średniej 133 mm

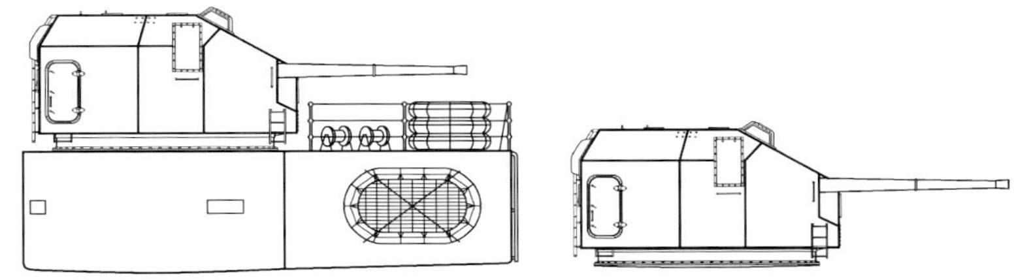

starboard side view
widok z prawej burty

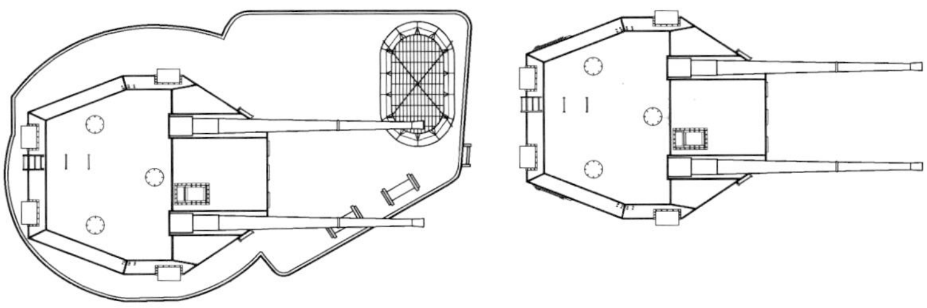

top view
widok z góry

Aft medium artillery 133 mm stations
Rufowe stanowiska wież artylerii średniej 133 mm

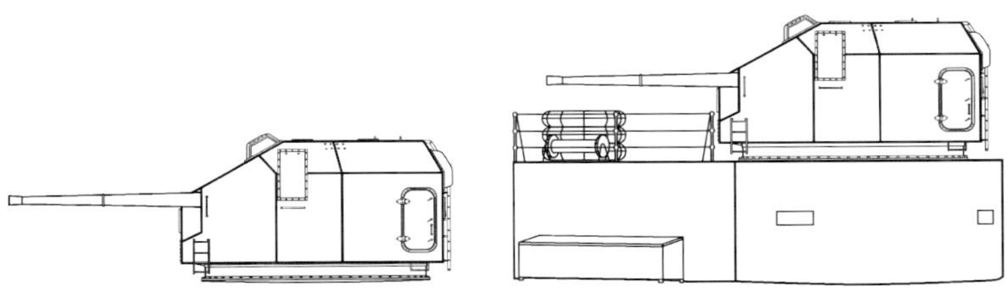

port side view
widok z lewej burty

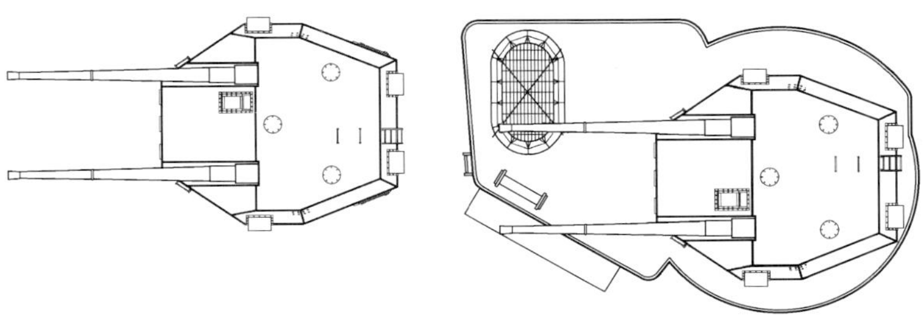

top view
widok z góry

Scale/Skala: 1/200

TOPDRAWINGS
Drawings/rysował: © Witold Koszela
HMS Vanguard

Sheet/Arkusz 12

Aft funnel
Komin rufowy

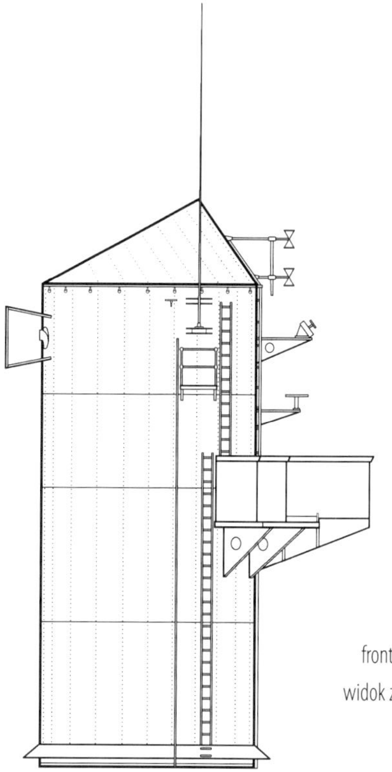

starboard side view
widok z prawej strony

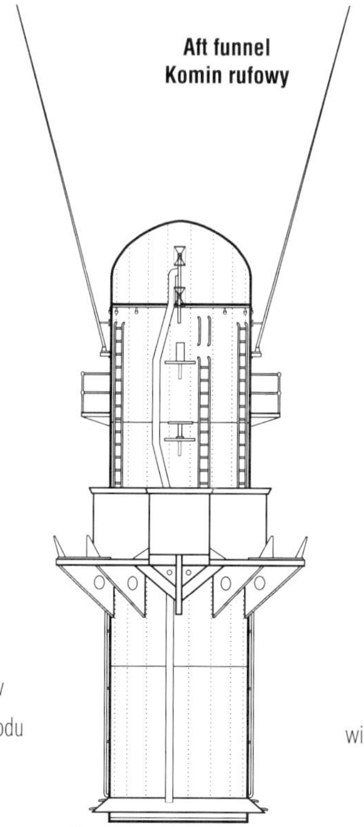

front view
widok z przodu

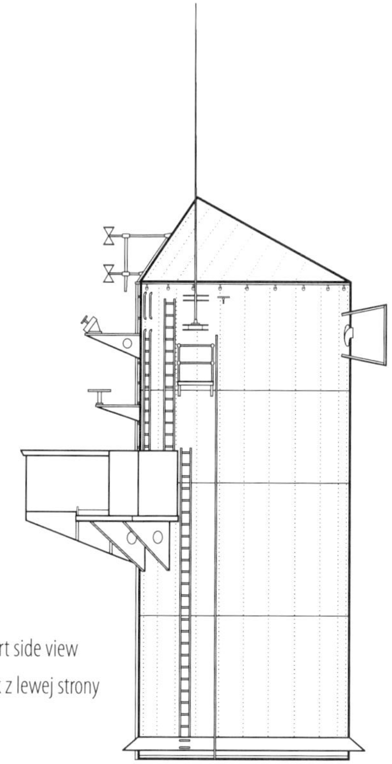

port side view
widok z lewej strony

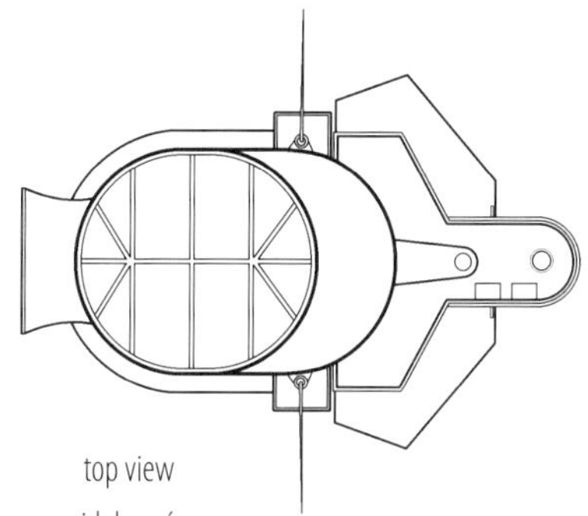

top view
widok z góry

Bow funnel
Komin dziobowy

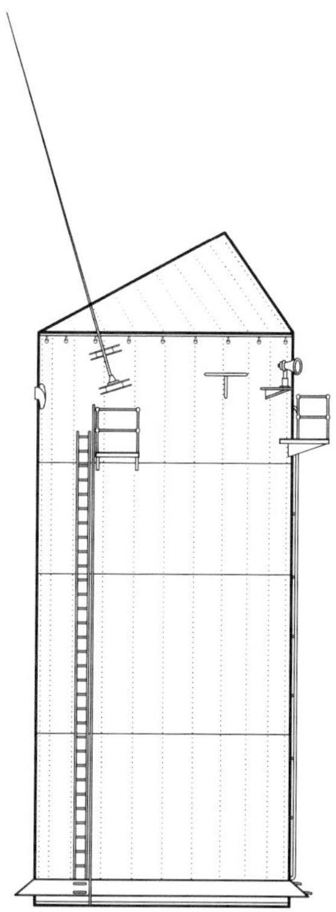

starboard side view
widok z prawej strony

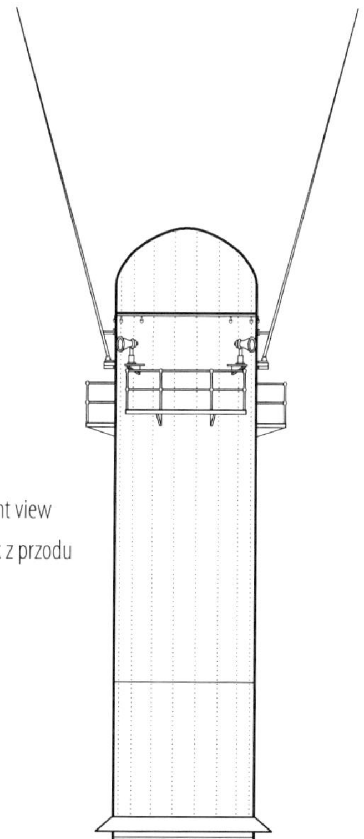

front view
widok z przodu

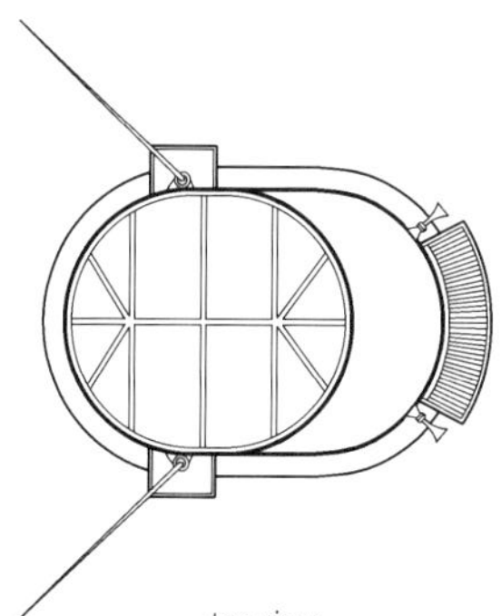

top view
widok z góry

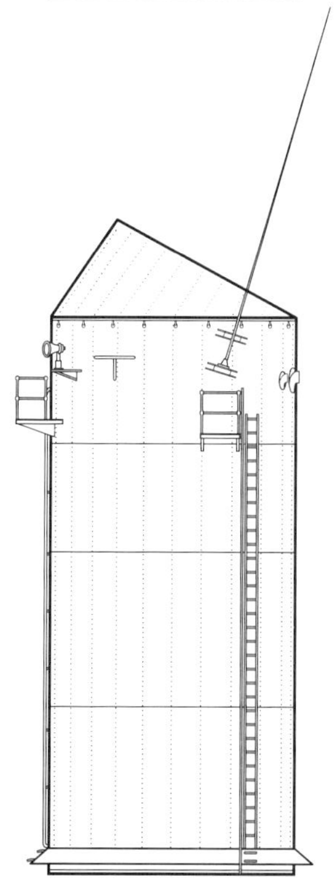

port side view
widok z lewej strony

Scale/Skala: 1/200

www.kagero.eu
www.shop.kagero.pl

Aft mast
Maszt rufowy

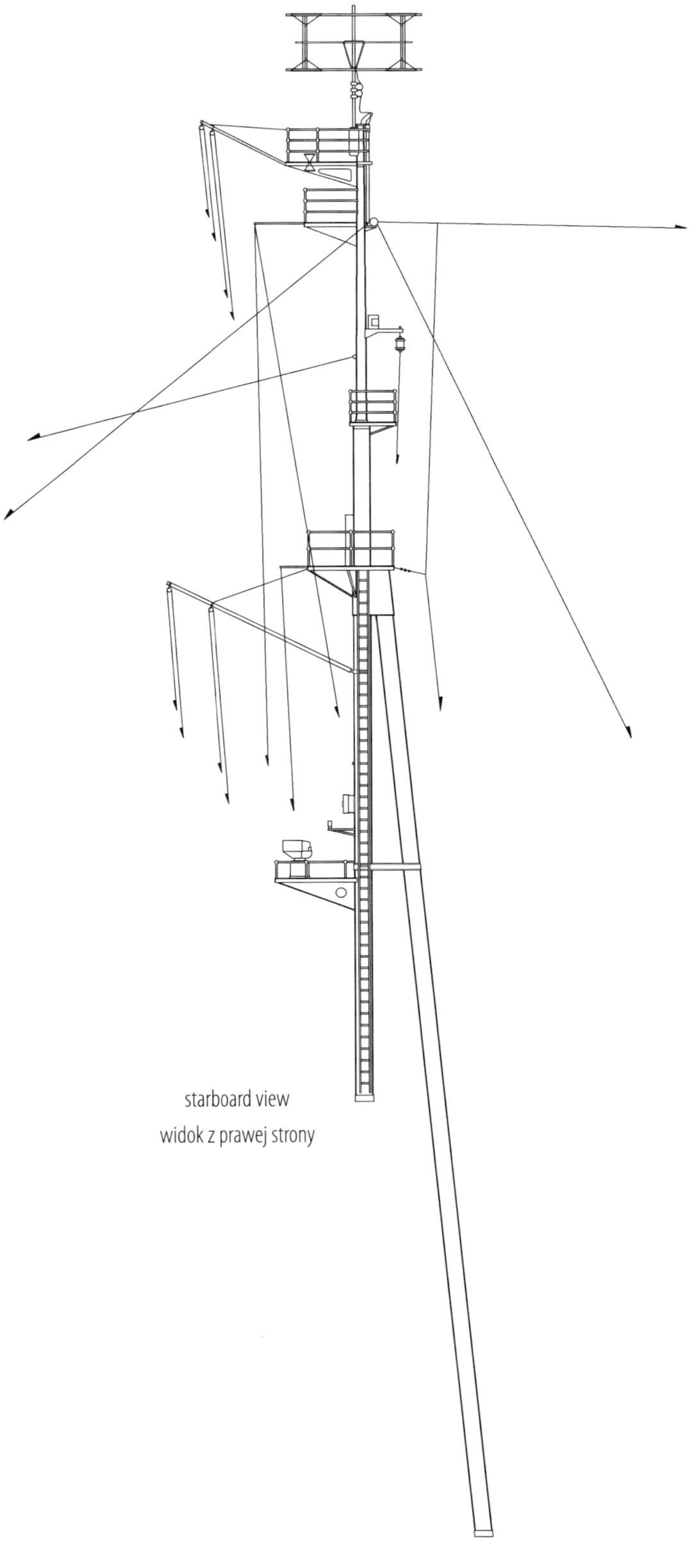

starboard view
widok z prawej strony

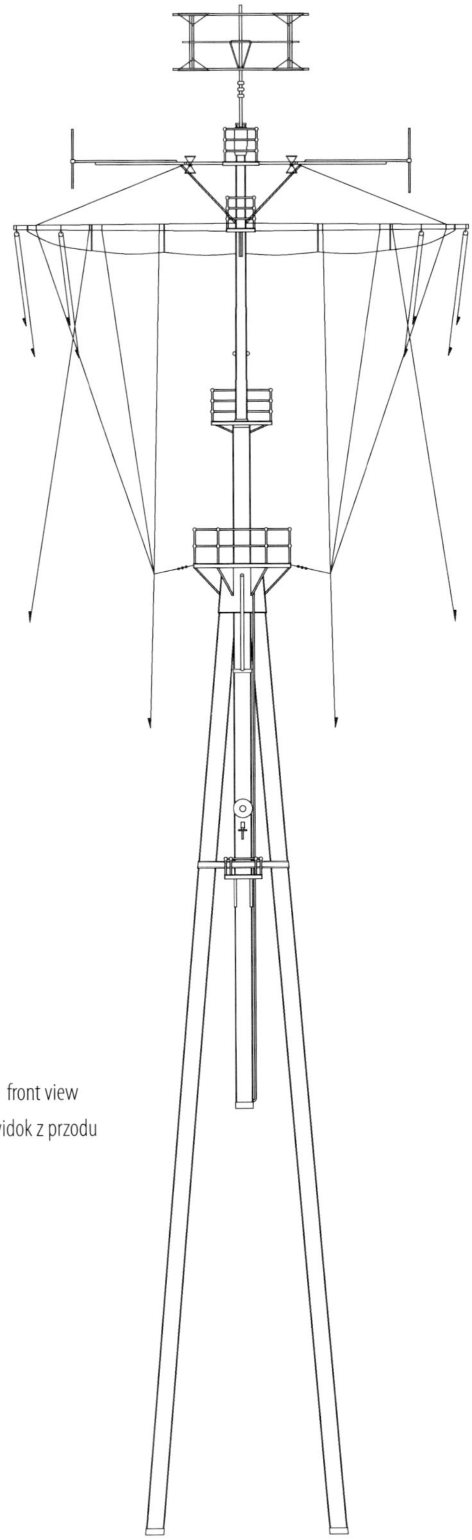

front view
widok z przodu

Bow mast
Maszt dziobowy

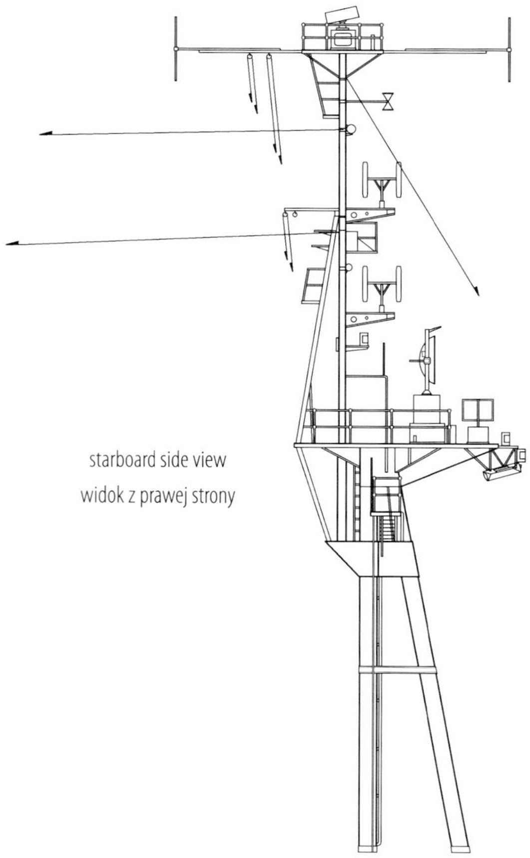

starboard side view
widok z prawej strony

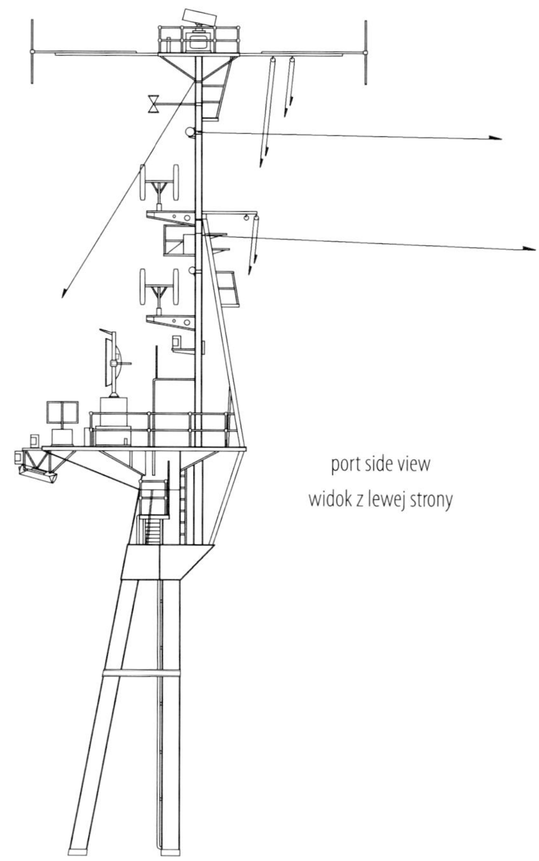

port side view
widok z lewej strony

Main artillery fire control station as at year 1946
Stanowisko kierowania ogniem artylerii głównej według stanu na rok 1946

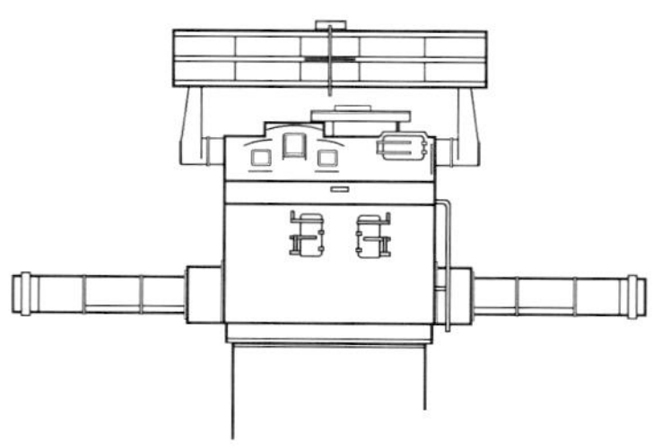

front view
widok z przodu

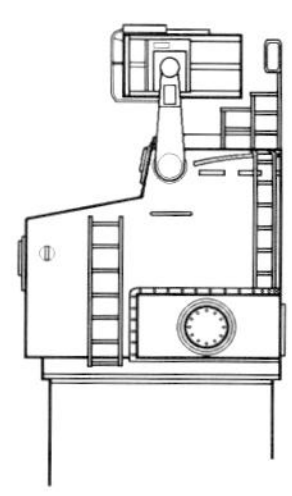

port side view
widok z lewej strony

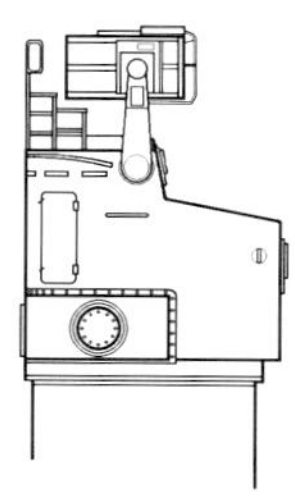

starboard side view
widok z prawej strony

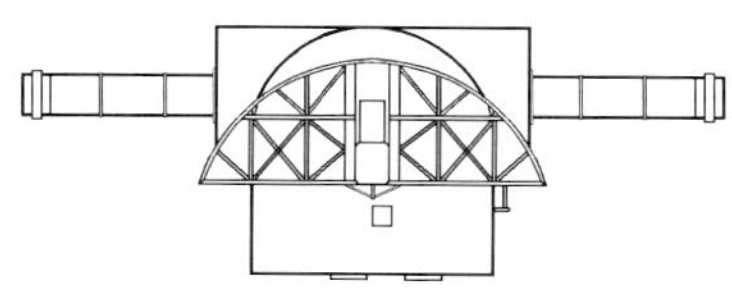

top view
widok z góry

Main artillery fire control station as at year 1953
Stanowisko kierowania ogniem artylerii głównej według stanu na rok 1953

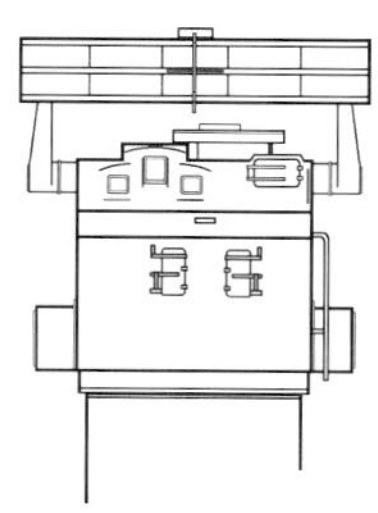

front view
widok z przodu

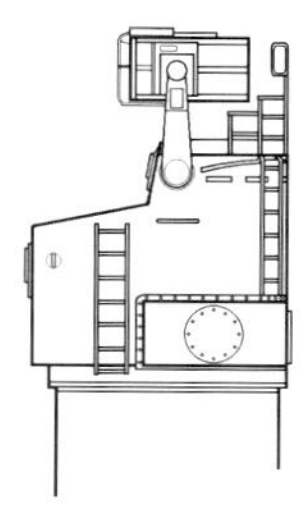

port side view
widok z lewej strony

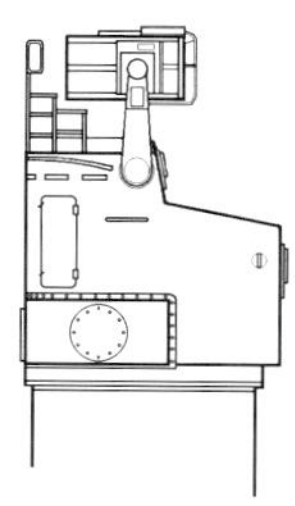

starboard side view
widok z prawej strony

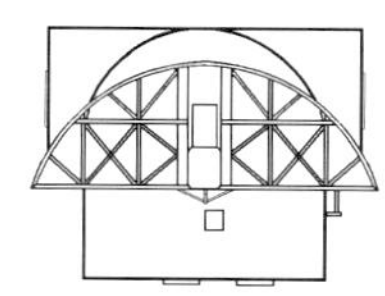

top view
widok z góry

Medium artillery fire control station
Stanowisko kierowania ogniem artylerii średniej

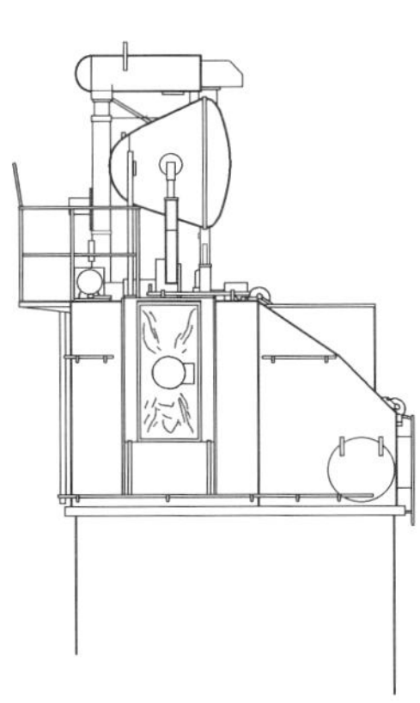

starboard side view
widok z prawej strony

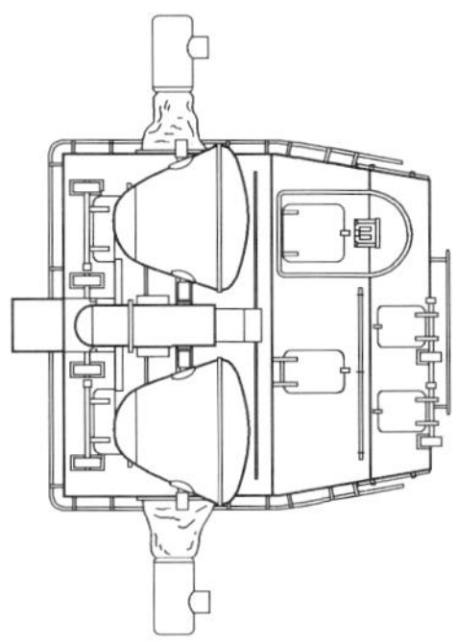

top view
widok z góry

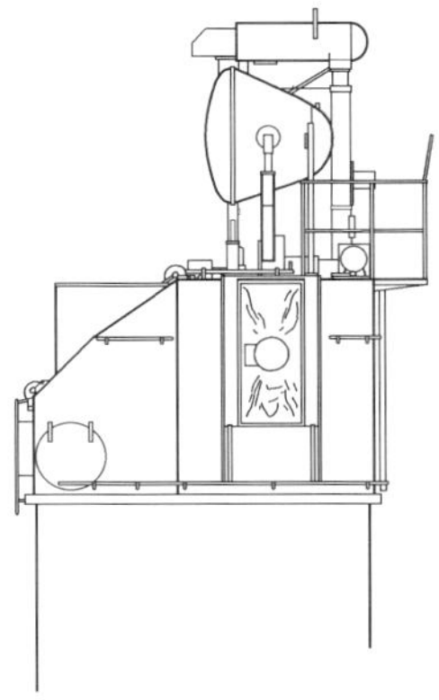

port side view
widok z lewej strony

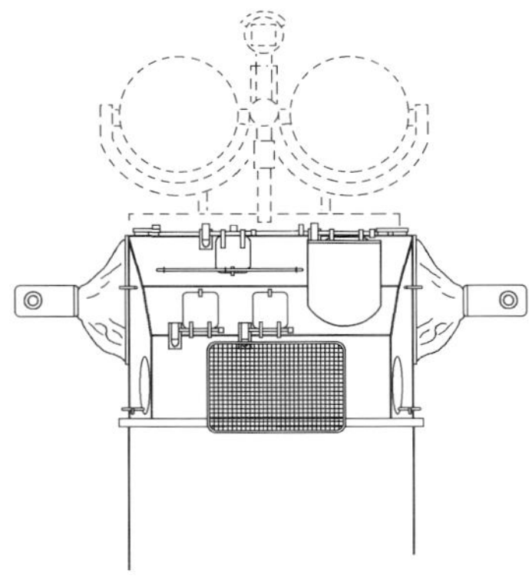

front view
widok z przodu

381 mm main battery turret "A", year 1946
Wieża A artylerii głównej 381 mm, rok 1946

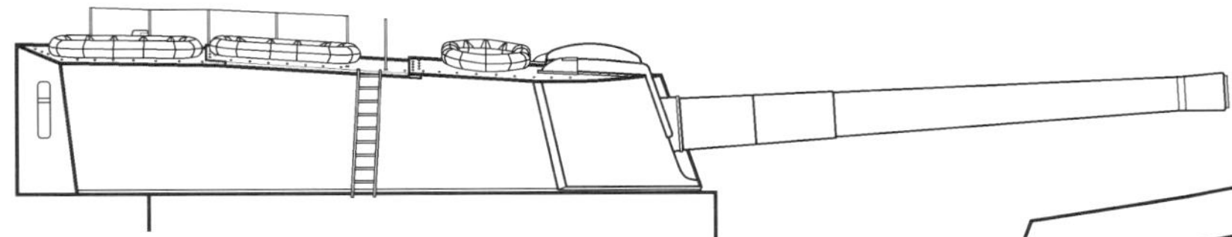

starboard side view
widok z prawej strony

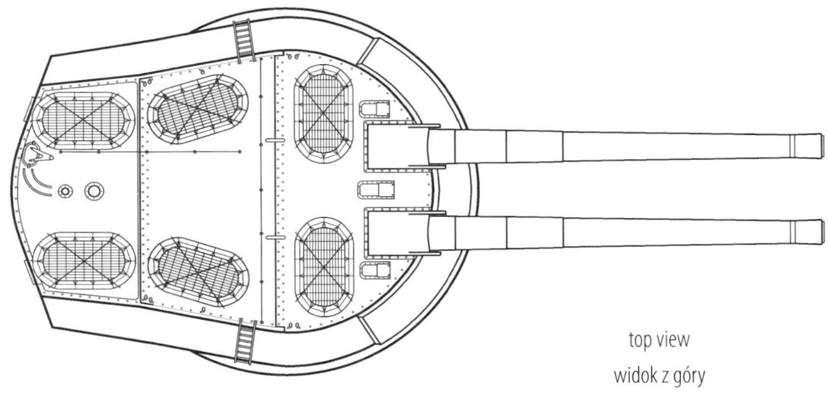

top view
widok z góry

381 mm main battery turret "A", year 1953
Wieża A artylerii głównej 381 mm, rok 1953

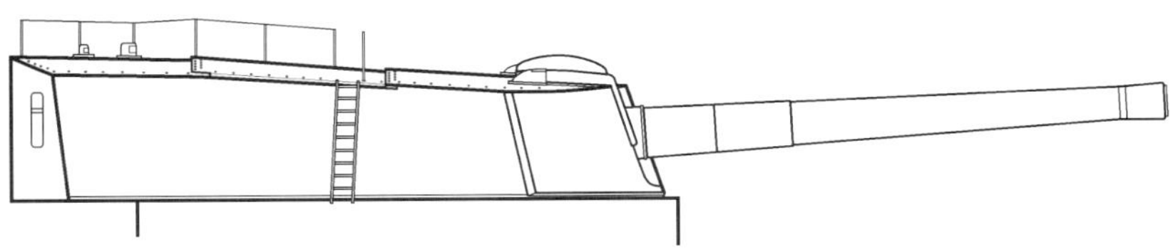

starboard side view
widok z prawej strony

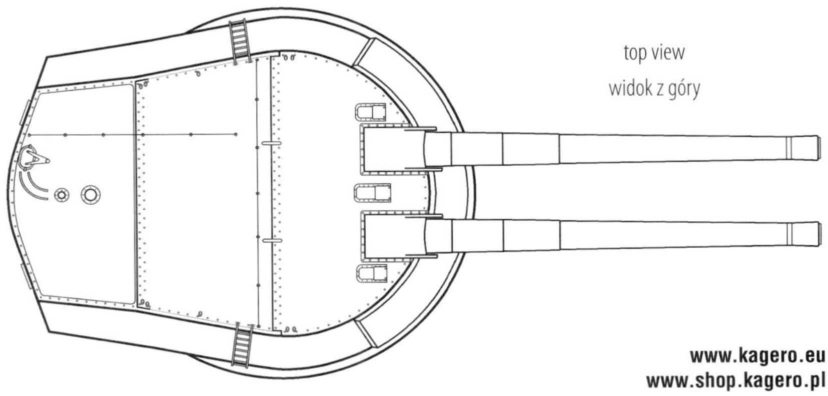

top view
widok z góry

381 mm main battery turret "B"
Wieża B artylerii głównej 381 mm

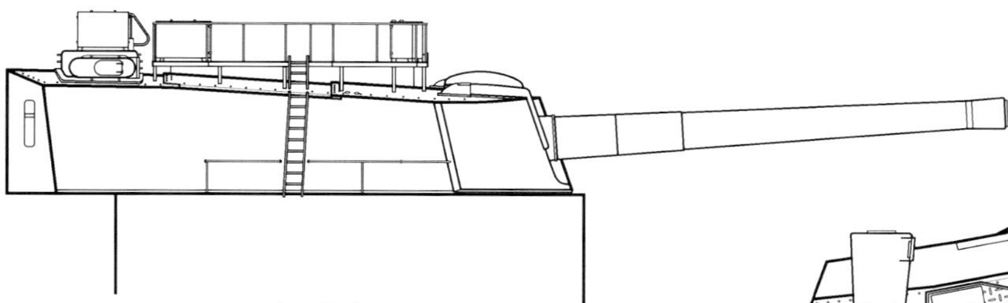

starboard side view
widok z prawej strony

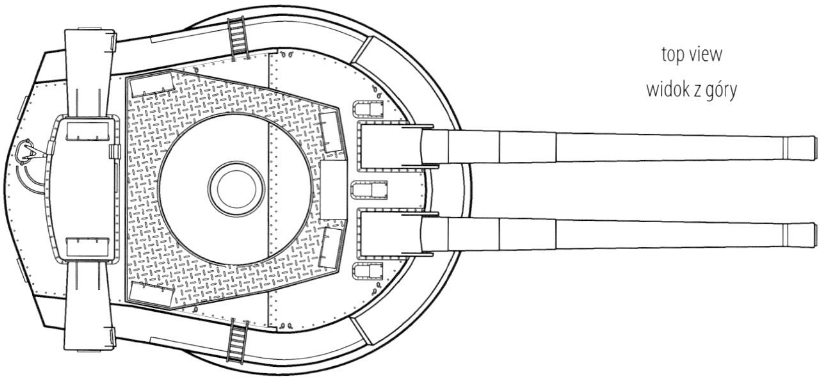

top view
widok z góry

381 mm main battery turret "X", year 1946
Wieża X artylerii głównej 381 mm, rok 1946

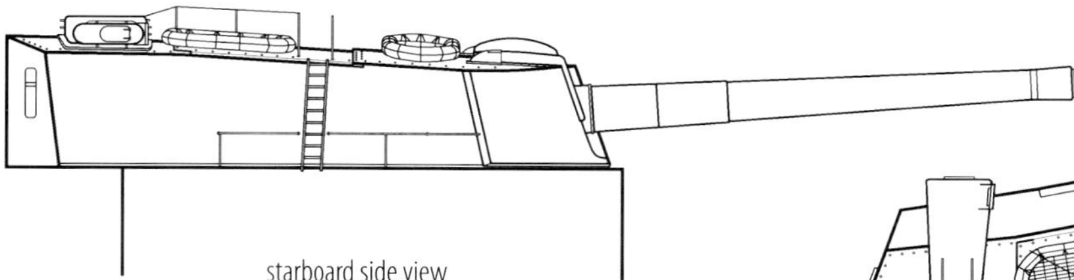

starboard side view
widok z prawej strony

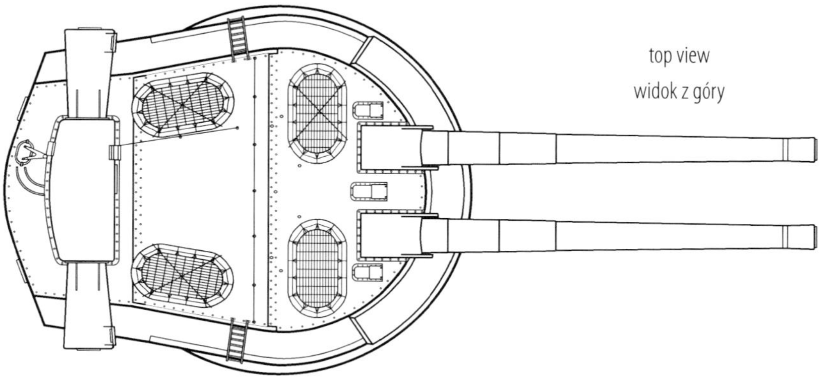

top view
widok z góry

381 mm main battery turret "X", year 1953
Wieża X artylerii głównej 381 mm, rok 1953

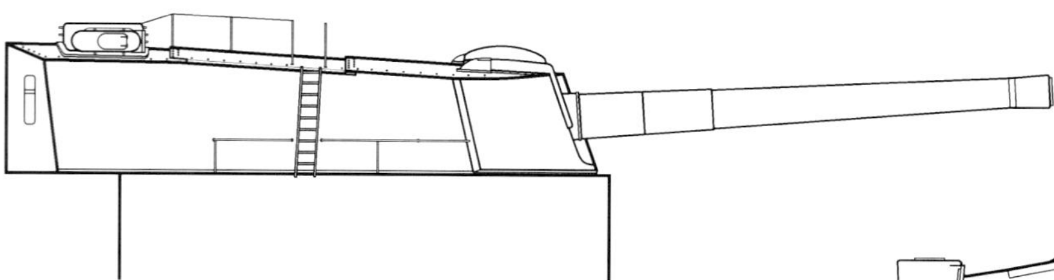

starboard side view
widok z prawej strony

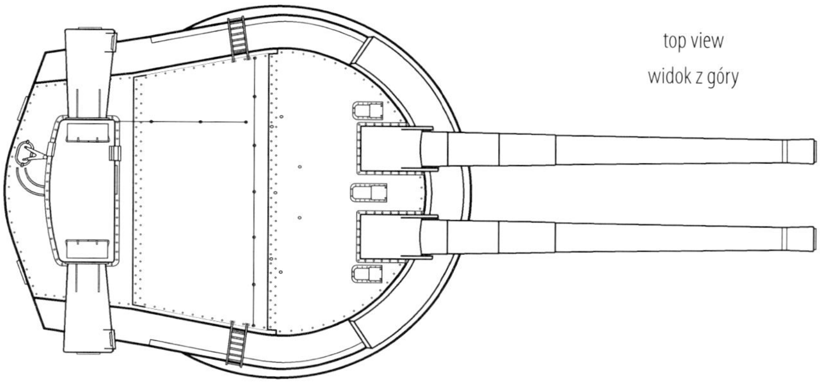

top view
widok z góry

Medium artillery turret 133 mm
Wieża artylerii średniej 133 mm

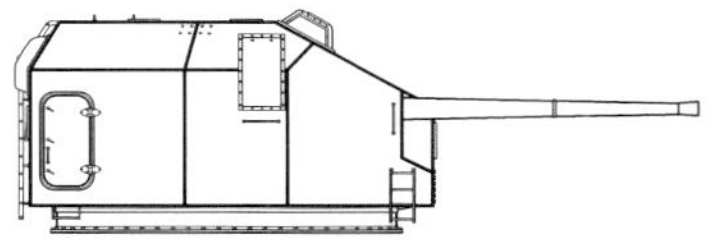

starboard side view
widok z prawej strony

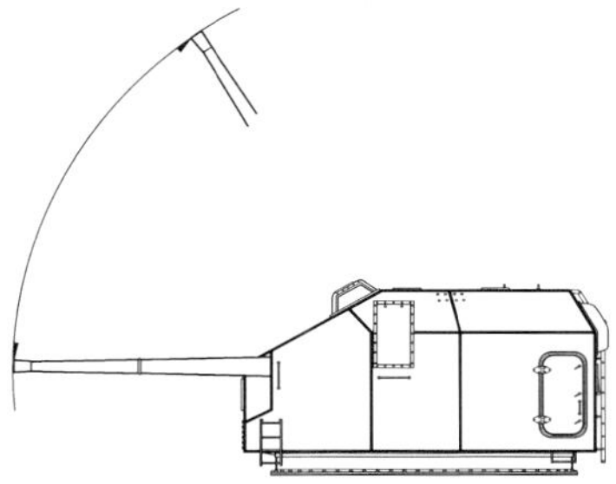

port side view
widok z lewej strony

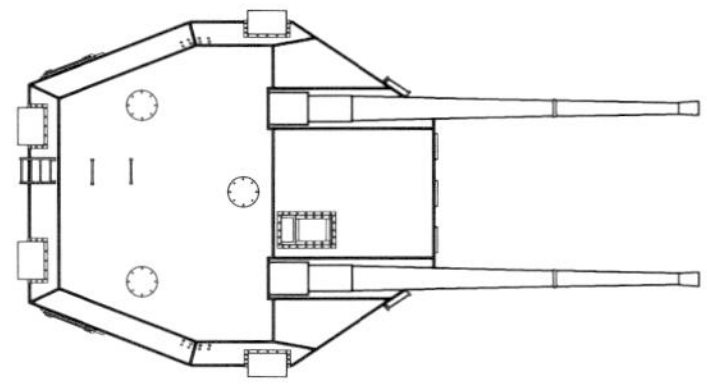

top view
widok z góry

Mk VI 6-barrel 40 mm Bofors
Zestaw artyleryjski Mk VI Bofors 40 mm

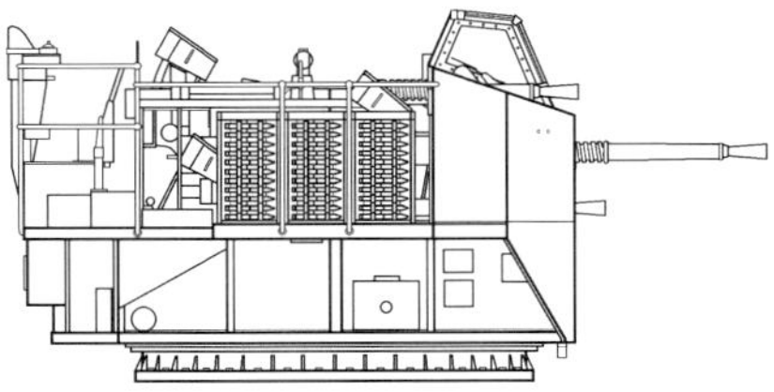

starboard side view
widok z prawej strony

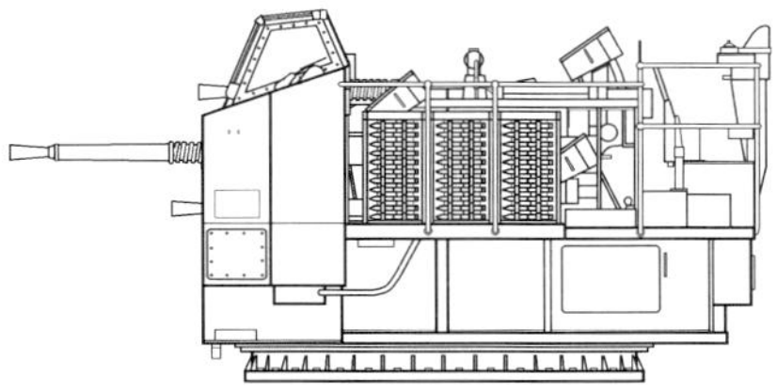

port side view
widok z lewej strony

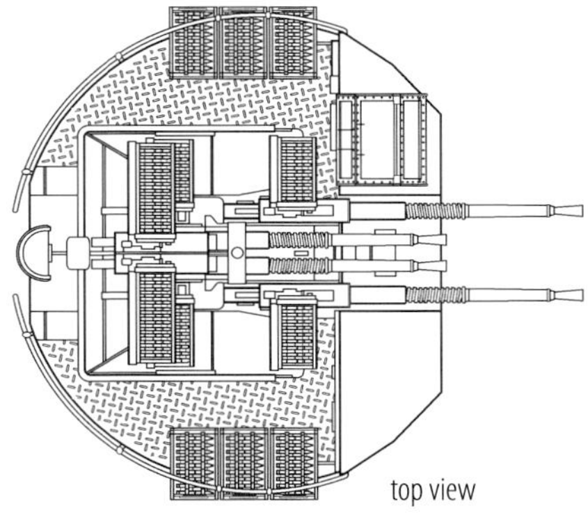

top view
widok z góry

STAAG Mk II 40 mm twin Bofors
Podwójny zestaw artyleryjski STAAG Mk II Bofors 40 mm

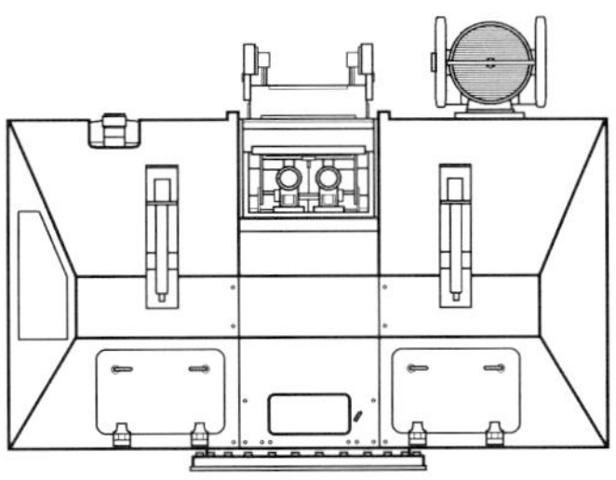

front view
widok z przodu

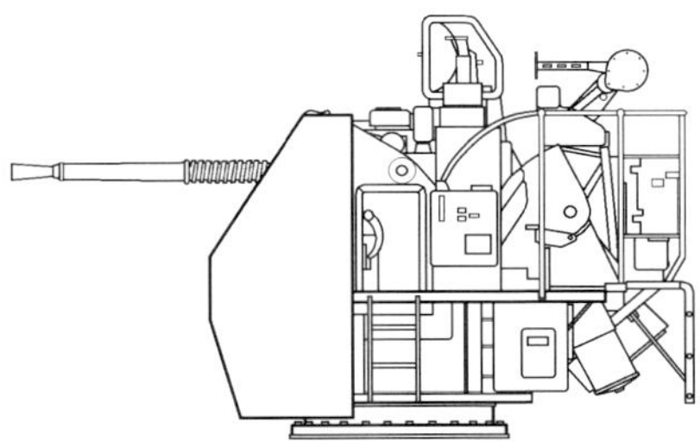

port side view
widok z lewej strony

40 mm single Bofors Mk VII
Pojedyncza armata plot. Mk VII Bofors 40 mm

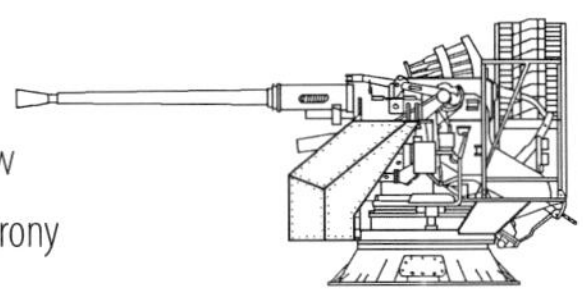

port side view
widok z lewej strony

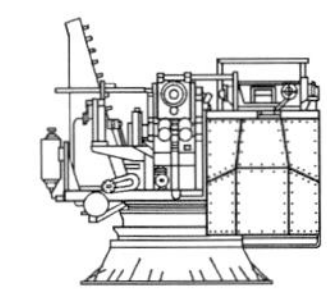

front view
widok z przodu

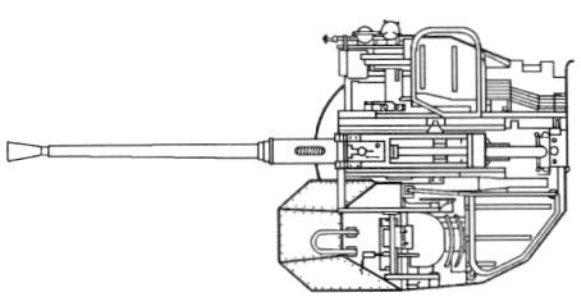

top view
widok z góry

Scale/Skala: 1/200, 1/100

www.kagero.eu
www.shop.kagero.pl

TOPDRAWINGS

Drawings/rysował: © Witold Koszela

HMS Vanguard

Sheet/Arkusz 18

Hotchkiss 47 mm salute gun
Armata salutowa Hotchkiss 47 mm

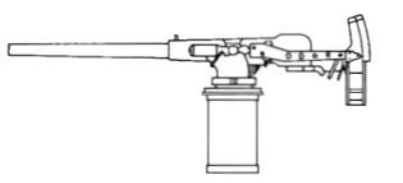
port side view
widok z lewej strony

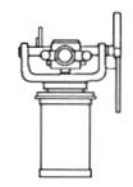
front view
widok z przodu

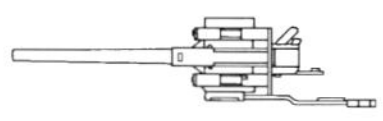
top view
widok z góry

Deck crane
Dźwig pokładowy

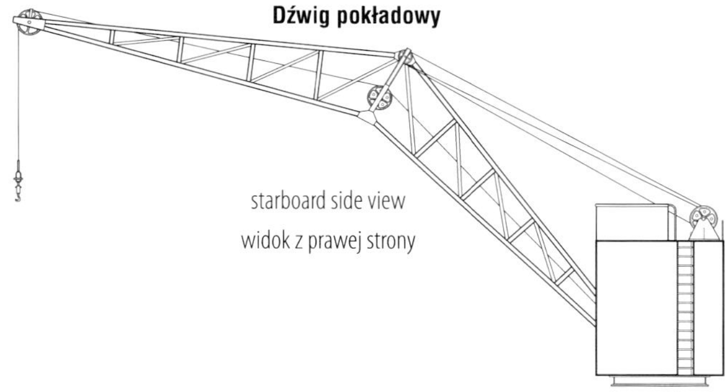
starboard side view
widok z prawej strony

top view
widok z góry

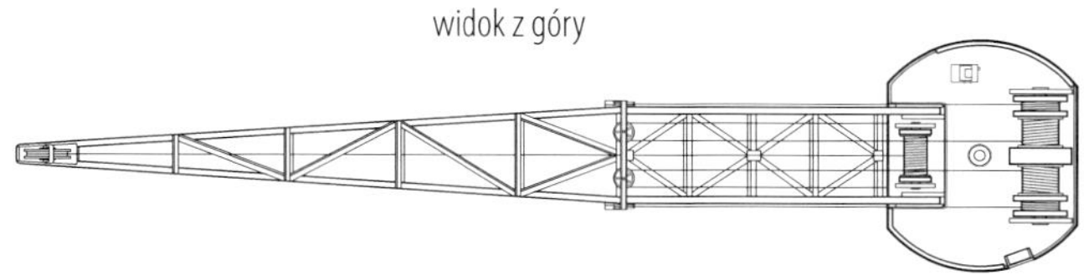

Paravane
Trał typu parawan

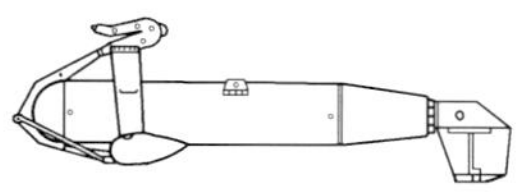
port side view
widok z lewej strony

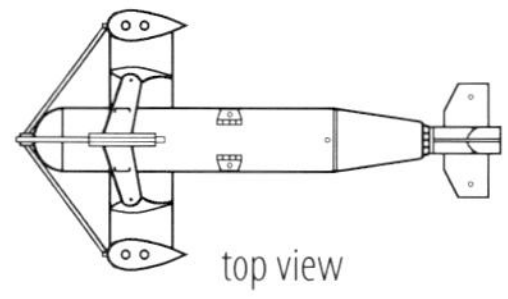
top view
widok z góry

Diesel picket boat
Łódka patrolowa (z silnikiem Diesla)

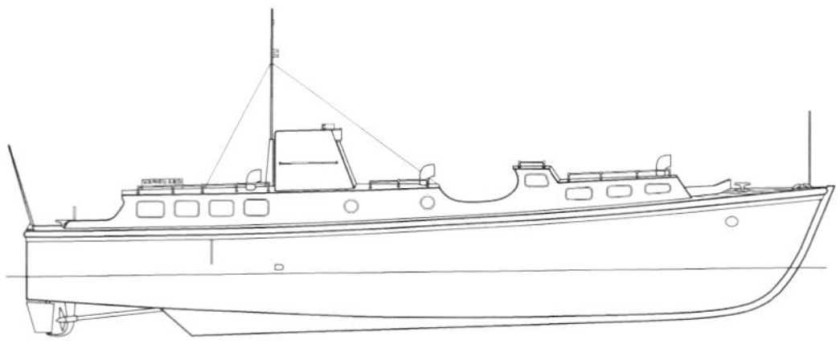
starboard side view
widok z prawej strony

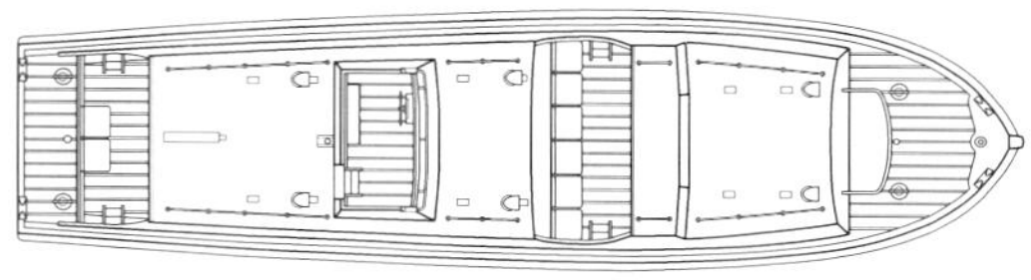
top view
widok z góry

32-feet cutter
10-metrowy kuter

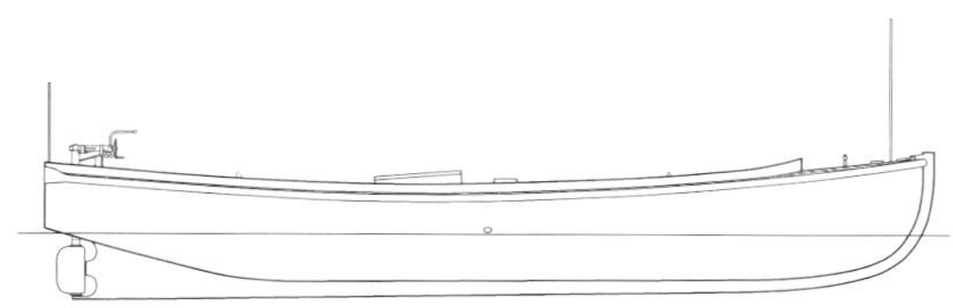
starboard side view
widok z prawej strony

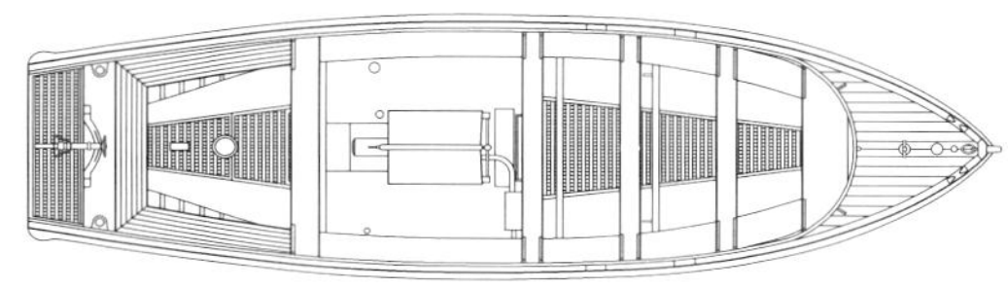
top view
widok z góry

25ft Fast motor boat & barge
7,5-metrowa motorówka i barka

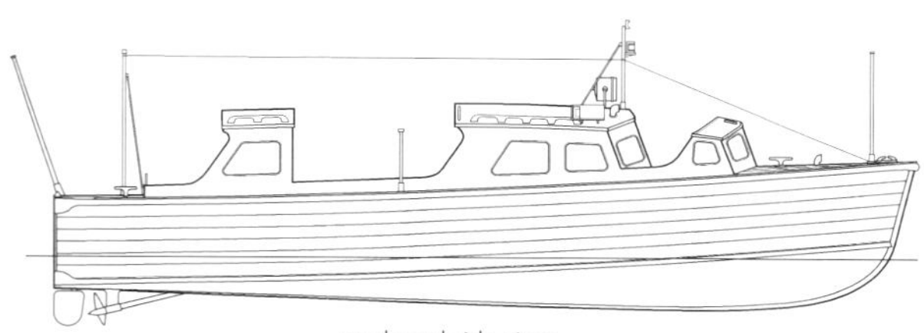
starboard side view
widok z prawej strony

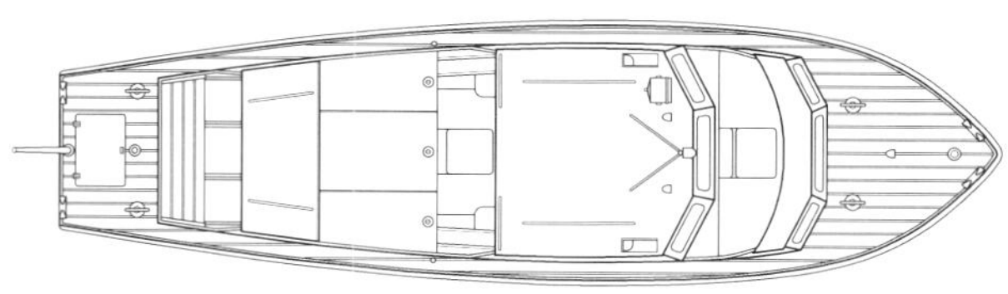
top view
widok z góry

27-feet whaler
8-metrowy whaler

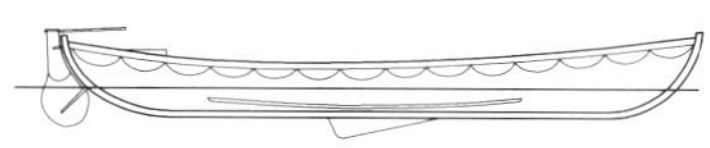
starboard side view
widok z prawej strony

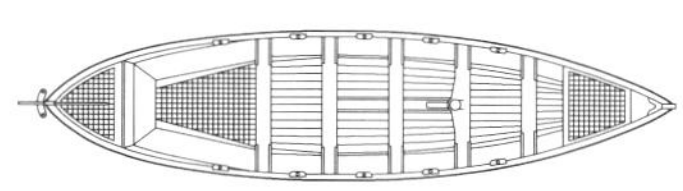
top view
widok z góry

14-feet sailing dinghy
4-metrowa łódź robocza

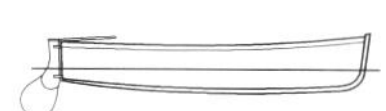
starboard side view
widok z prawej strony

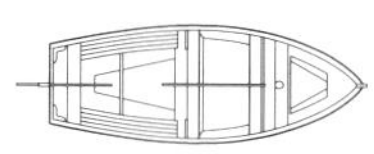
top view
widok z góry

Scale/Skala: 1/100, 1/200

www.kagero.eu
www.shop.kagero.pl